CYRIL
AU CŒUR DE SES RECETTES

LE MEILLEUR PATISSIER

M6 ÉDITIONS

PRÉFACE

Cette quatrième saison du Meilleur Pâtissier a une fois de plus tenu ses promesses gourmandes avec des candidats hauts en couleur qui nous ont surpris par leur créativité et leur audace sucrée.
J'ai pris beaucoup de plaisir à suivre ces experts en pâtisserie et à les regarder évoluer au fil des semaines dans une ambiance résolument bon enfant et chaleureuse.

Venu pour décrocher le titre de Meilleur Pâtissier et le maximum de tabliers bleus, Cyril nous a impressionnés tout au long des semaines par ses pâtisseries fraîches et fruitées, et ses associations de saveurs souvent surprenantes ! Entier, généreux et passionné, il a su nous transmettre beaucoup d'émotion au travers de ses créations, comme avec son tiramisu roulé qui reste un excellent souvenir de cette saison tant son exécution était parfaite.

Compétiteur dans l'âme mais bon vivant avant tout, il saura, j'en suis sûr, vous séduire avec ses recettes et vous aurez, comme moi, beaucoup de plaisir à les déguster.

CYRIL LIGNAC

Dès la première semaine, j'ai été impressionnée par la technique et les connaissances de Cyril.
Vif, appliqué, perfectionniste et toujours de bonne humeur, il laissait entrevoir un tempérament de sportif qui a la volonté de l'emporter. Je l'imaginais bien vainqueur de la saison 4. Comme quoi !
Régalez-vous avec ses recettes ensoleillées, pas trop sucrées et qui mettent l'eau à la bouche.
Bravo Cyril pour ta persévérance et continue à t'investir dans ta passion ! Ta famille, tes enfants et tes amis peuvent être fiers de toi.

MERCOTTE

ÉDITO

Mes tout premiers souvenirs sucrés remontent à la cuisine de ma grand-mère avec ses fameux riz au lait, massepains et autres mokas bien beurrés. Avec mon grand-père, nous attendions ces desserts avec impatience.

Plus les années passaient, moins je retrouvais les saveurs de mon enfance. C'est donc tout naturellement qu'à l'âge de 30 ans j'ai décidé de réaliser mes premières pâtisseries élaborées, savoureuses et légères. Autodidacte, j'ai passé plusieurs mois à faire des recherches sur Internet et dans des livres pour maîtriser les bases de la pâtisserie et créer ma propre identité. Ce fut rapidement un succès auprès de ma famille et mes amis. Au fil de mes réalisations, mon envie de pâtisser a grandi.

Aujourd'hui, la pâtisserie est plus qu'une passion, c'est l'occasion de vivre des moments inoubliables avec mes enfants et de leur transmettre le goût des bons produits. Mon perfectionnisme me pousse à trouver sans cesse de nouvelles techniques et saveurs, mais ce que j'aime par-dessus tout, c'est partager mes pâtisseries.

Lors de la diffusion de la première saison du Meilleur Pâtissier, j'ai rapidement voulu m'inscrire sans pour autant oser, de peur d'être déçu en découvrant mon vrai niveau. Grâce à l'insistance de ma femme, j'ai enfin franchi le pas et réussi à intégrer la famille de cette formidable émission. Tout au long du concours, je me suis épanoui sans jamais perdre de vue mon objectif : prendre du plaisir ! Ce fut une aventure intense, chargée d'émotion et jalonnée de très belles rencontres.

Vous allez maintenant pouvoir découvrir quelques-unes de mes créations et vous imprégner de mon univers sucré. J'espère que ce livre vous donnera envie de pâtisser et de vous dépasser. Car comme je le dis souvent : « Si j'y arrive, tout le monde peut y parvenir… »

N'oubliez jamais que la pâtisserie est un moment de partage et de plaisir, et donnez libre cours à votre créativité et à vos envies.

Alors, « À vos marques ! Prêts ? Pâtissez ! »

CYRIL

SOMMAIRE

LES PÂTISSERIES QUI FONT DU BIEN

EN TOUTE SIMPLICITÉ

LES CHALLENGES DE CYRIL

LES PÂTISSERIES QUI FONT DU BIEN

PASSION
FONDANTE

Pour 6 personnes • Préparation : 1 h • Cuisson : 25 min • Réfrigération : 1 h 30

Pour la crème anglaise : 8 g de gélatine • 0,5 l de lait entier • 1 gousse de vanille • 4,5 jaunes d'œufs • 75 g de sucre
Pour le gâteau moelleux : 150 g de fromage blanc • 1 c. à c. d'eau de fleur d'oranger • 100 g d'huile • 250 g de sucre • 255 g de farine • 5 g de levure chimique • 2 œufs • 75 g d'oranges confites • 200 g de Grand Marnier® • 50 g d'eau
Pour les blancs en neige : 6 blancs d'œufs • 1 pincée de sel • 100 g de sucre • du zeste d'orange râpé
Pour la sauce au caramel : 5 g de gélatine • 135 g de crème liquide entière • 140 g de sucre • 80 g de beurre • 2 g de fleur de sel
Pour les tuiles caramélisées : 20 g de beurre • 70 g de sucre glace • 20 g de farine • 25 g de graines de sésame • 25 g de jus d'orange

LA CRÈME ANGLAISE

Hydratez la gélatine. Faites chauffer le lait dans une casserole avec la gousse de vanille fendue et grattée. Dans un cul-de-poule, blanchissez les jaunes d'œufs et le sucre. Ajoutez le lait chaud tout en mélangeant, puis reversez le tout dans la casserole. Faites cuire à feu doux en remuant constamment jusqu'à atteindre 80 °C. Passez au chinois. Prélevez 250 g de crème et incorporez la gélatine essorée. Mélangez au fouet et coulez dans un moule rectangulaire filmé sur une épaisseur de 5 mm. Réservez au frais 1 heure. Mettez le reste de crème au frais.

LE GÂTEAU MOELLEUX

Préchauffez le four à 180 °C (th. 6). Mélangez dans l'ordre : le fromage blanc, l'eau de fleur d'oranger, l'huile, le sucre, la farine, la levure, les œufs et les oranges confites en dés. Versez la pâte dans un moule rectangulaire et enfournez pour 25 minutes. Vérifiez la cuisson avec la pointe d'un couteau ; elle doit ressortir sèche. Démoulez le gâteau, coupez le dessus pour ne garder que le moelleux (il doit faire 2,5 cm d'épaisseur) et détaillez 6 rectangles de 12 x 4 cm. Faites flamber le Grand Marnier® et mélangez-le avec l'eau. Imbibez-en les gâteaux.

LES BLANCS EN NEIGE

Montez les blancs en neige très ferme avec le sel et le sucre. Incorporez du zeste d'orange râpé. Versez dans un plat allant au micro-ondes. Faites cuire 15 à 30 secondes à 400 W en ouvrant toutes les 10 secondes. Démoulez à chaud, puis coupez 6 cylindres de 12 x 4 cm.

LA SAUCE AU CARAMEL

Hydratez la gélatine. Faites bouillir légèrement la crème. Faites un caramel à sec avec le sucre. Hors du feu, ajoutez le beurre coupé en morceaux et mélangez au fouet. Remettez sur feu doux et versez la crème chaude en 3 fois. Mélangez, puis incorporez la gélatine essorée. Ajoutez la fleur de sel, mixez et réservez au réfrigérateur jusqu'à complet refroidissement.

LES TUILES CARAMÉLISÉES

Faites fondre le beurre au micro-ondes. Mélangez le sucre glace, la farine et le sésame. Ajoutez le beurre et le jus d'orange. Placez au frais 30 minutes. Préchauffez le four à 200 °C (th. 6-7). Sur une feuille de papier cuisson, dressez des tuiles à l'aide d'une cuillère et enfournez pour 5 minutes.

LE MONTAGE

Creusez un puits dans chaque gâteau et remplissez-le de caramel. Surmontez d'un rectangle de gelée de crème anglaise de la même taille que le gâteau, puis de blancs en neige. Décorez de 2 ou 3 tuiles caramélisées. Versez de la crème anglaise autour des desserts.

L'ASTUCE DE CYRIL

Faire flamber le Grand Marnier® avant de l'utiliser permet à l'alcool de s'évaporer.

L'IRRÉSISTIBLE

Pour 6 personnes • Préparation : 2 h • Cuisson : 10 min • Réfrigération : 4 h

Pour les tubes en chocolat : 400 g de chocolat noir • 4 g de beurre de cacao
Pour l'appareil au mascarpone : 4,5 feuilles de gélatine • 190 g de fromage frais • 375 g de mascarpone
3 gousses de vanille • 40 cl de crème fraîche liquide entière • 35 g de sucre
Pour la génoise : 4 œufs • 120 g de sucre • 120 g de farine
Pour le sirop de café : 20 cl d'eau • 100 g de sucre • 30 g de café soluble • 30 g de liqueur de café
Pour la décoration : 100 g de chocolat noir • du cacao en poudre

LES TUBES EN CHOCOLAT

Coupez 2 feuilles guitare en 6 rectangles de 9 x 40 cm. Faites fondre le chocolat au bain-marie et laissez chauffer jusqu'à ce qu'il atteigne 35 °C, ajoutez le beurre de cacao et mélangez. Quand le chocolat est à point (31 °C), étalez-le à la spatule sur les bandes de plastique, sur seulement 16 cm de long. Roulez les feuilles sur elle-même et laissez durcir.

L'APPAREIL AU MASCARPONE

Déposez la gélatine dans de l'eau froide pour la faire ramollir. Dans la cuve du batteur, fouettez le fromage frais, le mascarpone et les grains des gousses de vanille pour obtenir une préparation lisse et onctueuse. Réservez. Essorez la gélatine et faites-la fondre dans une casserole à feu doux. Fouettez la crème fraîche liquide en crème montée et incorporez la gélatine fondue. Versez 1/3 de crème montée et le sucre dans l'appareil au mascarpone, et mélangez au fouet. Incorporez le reste de crème montée délicatement à la maryse. Versez dans une poche à douille et réservez au frais.

LA GÉNOISE

Préchauffez le four à 180 °C (th. 6). Mélangez les œufs et le sucre dans un cul-de-poule. Posez le récipient dans un bain-marie (sans contact avec l'eau) et fouettez jusqu'à ce que le mélange atteigne 40 °C. Retirez du bain-marie et continuez de fouetter jusqu'à complet refroidissement. La préparation doit doubler de volume. Incorporez délicatement la farine tamisée à l'aide d'une maryse. Étalez la pâte sur une plaque recouverte d'une feuille de silicone et enfournez jusqu'à coloration (environ 10 minutes). Laissez refroidir avant de tailler 18 cercles de 4,5 cm de diamètre.

LE SIROP DE CAFÉ

Portez l'eau à ébullition. Ajoutez le sucre et laissez bouillir 2-3 minutes jusqu'à ce que le sucre soit bien fondu. Ajoutez le café soluble et retirez la casserole du feu. Laissez refroidir, puis ajoutez la liqueur de café.

LE MONTAGE

Retirez la feuille guitare des tubes en chocolat. Dans chaque tube, versez une couche de crème au mascarpone, posez un rond de biscuit punché au sirop de café, puis renouvelez deux fois l'opération de manière à remplir entièrement le tube. Veillez à terminer par un disque de génoise.

LA DÉCORATION

Coulez du chocolat à point sur un petit rectangle de feuille guitare, passez le peigne dans la longueur et positionnez la feuille guitare en torsade sur une plaque de cuisson à baguettes. Laissez durcir. Saupoudrez chaque tube de cacao, puis surmontez d'une lanière de chocolat noir. Décorez d'appareil au mascarpone.

ROLL CAKE
AU THÉ MATCHA

Pour 8 personnes • Préparation : 1 h • Cuisson : 12 min • Réfrigération : 5 h 30

Pour la pâte à cigarettes : 50 g de beurre pommade • 50 g de sucre glace • 50 g de farine • 50 g de blancs d'œufs • 1 pointe de colorant liposoluble en poudre rouge

Pour le biscuit roulé au thé matcha : 136 g d'œufs • 55 g de jaunes d'œufs • 80 g de blancs d'œufs • 149 g de sucre • 10 g de sucre inverti (ou, à défaut, du miel) • 75 g de farine • 15 g de thé matcha • 40 g d'eau

Pour le confit de framboises : 250 g de purée de framboises • 30 g de brisures de framboises • 275 g de sucre • 75 g de glucose • 4 g de pectine X58 • 20 g d'eau de vie de framboises

Pour la crème au mascarpone vanillée : 8 g de gélatine en feuilles • 500 g de crème liquide entière • 500 g de mascarpone • 100 g de sucre • 5 g de grains de vanille

Pour le gianduja croustillant : 300 g de gianduja • 70 g de pâte de noisettes • 120 g de biscuits sablés • 100 g de feuilletine

Pour le montage : 150 g de framboises fraîches

LA PÂTE À CIGARETTES

Travaillez le beurre et ajoutez petit à petit le sucre glace. Incorporez la farine tamisée, puis les blancs d'œufs. Terminez par le colorant. Réalisez un pochoir avec les motifs de votre choix (ici, des étoiles) et posez-le sur une feuille en silicone. Étalez la pâte et lissez à l'aide d'une spatule coudée. Retirez le pochoir et placez au congélateur pour 1 heure.

LE BISCUIT ROULÉ AU THÉ MATCHA

Préchauffez le four à 180 °C (th. 6). Mélangez énergiquement les œufs, les jaunes, 29 g de sucre et le sucre inverti. Montez les blancs d'œufs en neige avec le reste de sucre (120 g). Mélangez les deux masses, puis incorporez délicatement la farine tamisée. Mélangez l'eau et le thé matcha jusqu'à l'obtention d'une pâte lisse, puis incorporez-la à la pâte à biscuit. La texture doit être mousseuse et légère comme celle d'une génoise. Posez un cadre de 25 x 35 cm sur la feuille en silicone avec le motif en pâte à cigarettes, puis étalez la pâte sur environ 2 cm d'épaisseur. Versez un peu de pâte dans 2 cercles de 7-8 cm de diamètre. Enfournez pour 12 minutes.

LE CONFIT DE FRAMBOISES

Faites chauffer la purée et les brisures de framboises, 250 g de sucre et le sirop de glucose. Dans un bol, mélangez la pectine et le reste de sucre (25 g). Lorsque la purée de fruits atteint 70 °C, versez en pluie le mélange sucre-pectine. Faites cuire à 106 °C, puis versez l'eau de vie. Réservez à température ambiante.

LA CRÈME AU MASCARPONE VANILLÉE

Hydratez la gélatine dans de l'eau froide. Essorez-la et faites-la fondre dans une casserole à feu doux. Fouettez la crème, le mascarpone, le sucre et la vanille en chantilly. Quand elle est quasiment montée, versez la gélatine en filet. Réservez au frais.

LE GIANDUJA CROUSTILLANT

Faites ramollir le gianduja et la pâte de noisettes. Ajoutez les sablés écrasés et la feuilletine. Versez dans un cadre sur une hauteur de 0,8 cm et faites durcir 30 minutes au congélateur. Découpez en petits cubes de 0,5 x 0,5 cm.

LE MONTAGE

Étalez le confit de framboises sur le biscuit en une couche de 3 mm. Recouvrez de mousse au mascarpone sur 1,5 cm d'épaisseur. Les deux couches ne doivent pas se mélanger. Éparpillez des cubes de gianduja croustillant, en laissant une bande libre le long d'une des longueurs. Disposez les framboises sur cette longueur, puis roulez le biscuit à l'aide de la feuille de cuisson. Collez les 2 disques de biscuit aux extrémités et mettez 4 heures au frais.

SUCRE

PASSIONNÉMENT
CITRON

Pour 6 à 8 personnes • Préparation : 1 h 30 • Cuisson : 20 min • Réfrigération : 1 h 30

Pour la pâte sucrée : 100 g de beurre pommade • 1 pincée de sel • 100 g de sucre glace • 1 jaune d'œuf • 1 c. à s. d'eau de fleur d'oranger • 250 g de farine

Pour les zestes de citrons confits : 5 citrons jaunes bio • 500 g de sucre • 500 ml d'eau

Pour le crémeux au citron : 7 g de gélatine • 150 g de jus de citron • 300 g de sucre • 250 g de beurre • le zeste de 3 citrons jaunes bio • 300 g d'œufs

Pour la gelée de citron : 2 g de gélatine • 100 g de jus de citron • 10 g de sucre • 1 citron vert bio

Pour le disque en chocolat blanc : 300 g de chocolat blanc en pistoles • 1 citron vert

Pour la meringue italienne : 42,5 g d'eau • 197 g de sucre • 100 g de blancs d'œufs

Pour le montage : des suprêmes de citron

LA PÂTE SUCRÉE

Mélangez à la feuille le beurre pommade, le sel, le sucre glace, le jaune d'œuf, l'eau de fleur d'oranger et la farine. Lorsque la pâte est homogène, mettez-la en boule, filmez et réservez au frais 1 heure. Étalez la pâte, posez un cercle à tarte de 20 cm de diamètre et un autre de 10 cm au centre, puis coupez la pâte pour former un O. Laissez reposer 30 minutes au réfrigérateur. Préchauffez le four à 150 °C (th. 5) et enfournez pour 20 minutes.

LES ZESTES DE CITRONS CONFITS

Coupez en lanières le zeste des citrons. Blanchissez-les 2 minutes, puis égouttez-les. Répétez cette opération 5 fois. Portez à ébullition l'eau et le sucre, puis ajoutez les zestes et laissez bouillir 10 minutes à feu modéré. Égouttez-les et réservez.

LE CRÉMEUX AU CITRON

Hydratez la gélatine. Mélangez le jus de citron, 150 g de sucre, le beurre et le zeste des 3 citrons jaunes. Faites chauffer à 85 °C. Faites blanchir les œufs et le reste de sucre (150 g). Versez l'appareil au citron, reversez dans la casserole et portez à ébullition. Retirez du feu et incorporez la gélatine essorée. Mixez et réservez au frais.

LA GELÉE DE CITRON

Hydratez la gélatine. Faites chauffer le jus de citron, le sucre et le zeste du citron vert jusqu'à 90 °C. Retirez du feu, laissez tiédir et ajoutez la gélatine. Coulez dans un cercle sur 8 mm d'épaisseur et réservez au frais.

LE DISQUE EN CHOCOLAT BLANC

Tempérez le chocolat (voir page 48). Étalez une fine couche sur une feuille guitare et zestez le citron dessus. Laissez durcir légèrement puis taillez un O de la même taille que la pâte à tarte. Laissez durcir à température ambiante.

LA MERINGUE ITALIENNE

Faites chauffer 162 g de sucre avec l'eau. Montez les blancs en neige serrés avec le reste de sucre (35 g). Lorsque le sirop atteint 118 °C, versez-le sur les blancs en neige en continuant de fouetter à petite vitesse, puis battez à grande vitesse jusqu'à refroidissement. Versez cette meringue dans une poche munie d'une douille à saint-honoré. Réservez au frais.

LE MONTAGE

Sur le fond de pâte, déposez des petits tas de zestes confits à intervalles réguliers, puis pochez par-dessus des dômes bien homogènes de crémeux au citron à l'aide d'une poche munie d'une douille unie de gros diamètre. Dressez la meringue italienne sur le O en chocolat, puis posez-le délicatement sur les dômes de crémeux. Décorez de dés de gelée de citron et de morceaux de suprêmes de citron.

TENTATION
CHOCOLAT

Pour 6 à 8 personnes • Préparation : 1 h 30 • Cuisson : 15-20 min • Réfrigération : 3-4 h

Pour la pâte sablée au cacao : 250 g de farine • 125 g de beurre pommade • 1 jaune d'œuf • 70 g de sucre glace • 40 ml d'eau • 100 g d'éclats de fèves de cacao
Pour le caramel : 150 g de sucre • 20 g de beurre demi-sel • 10 cl de crème liquide • 20 g de glucose
Pour la mousse au chocolat noir : 6 g de gélatine • 35 g d'œufs • 30 g de sucre • 220 g de lait • 390 g de chocolat de couverture noir • 550 g de crème liquide entière
Pour la mousse au chocolat au lait : 4 g de gélatine • 85 g de lait entier • 220 g de chocolat de couverture au lait • 250 g de crème liquide entière
Pour les C en chocolat blanc : 200 g de chocolat de couverture blanc • 2 g de beurre de cacao

LA PÂTE SABLÉE AU CACAO
Mélangez à la feuille la farine, le beurre, le jaune d'œuf, le sucre glace et l'eau. Quand le mélange prend une consistance de pâte, introduisez les éclats de cacao. Mettez en boule, filmez et réservez au frais 30 minutes. Préchauffez le four à 180 °C (th. 6). Étalez la pâte et découpez 2 C. Posez un cercle de 20 cm de diamètre et un autre au centre de 10 cm de diamètre, puis découpez la pâte. Enfournez pour environ 15 minutes jusqu'à coloration.

LE CARAMEL
Dans une casserole, faites chauffer le sucre à sec jusqu'à ce qu'il prenne une belle couleur ambrée. Hors du feu, ajoutez le beurre coupé en morceaux et mélangez au fouet. Faites chauffer la crème et incorporez-la. Remettez sur le feu 5 minutes en remuant au fouet. Retirez du feu, ajoutez le glucose et réservez.

LA MOUSSE AU CHOCOLAT NOIR
Hydratez la gélatine. Faites blanchir le sucre et les œufs. Portez le lait à ébullition, versez-le sur le mélange sucre-œufs en mélangeant au fouet. Reversez dans la casserole et faites cuire à 80 °C sans cesser de remuer. Passez la crème au chinois sur le chocolat et fouettez jusqu'à l'obtention d'un mélange homogène, puis incorporez la gélatine essorée. Réservez. Fouettez la crème liquide. Quand la préparation au chocolat atteint 35 °C, incorporez délicatement 1/3 de la crème fouettée, mélangez au fouet, puis incorporez le reste de crème fouettée à la maryse. Réservez au frais plusieurs heures.

LA MOUSSE AU CHOCOLAT AU LAIT
Hydratez la gélatine. Faites fondre le chocolat à 40 °C. Faites chauffer le lait à 40 °C. Versez-le sur le chocolat en émulsionnant vivement jusqu'à l'obtention d'une ganache. Ajoutez la gélatine essorée et mélangez. Fouettez la crème liquide. Lorsque le mélange au chocolat atteint 35 °C, incorporez délicatement 1/3 de crème fouettée. Mélangez au fouet. Versez progressivement le reste de crème et mélangez à la spatule. Réservez au frais.

LES C EN CHOCOLAT BLANC
Tempérez le chocolat blanc avec le beurre de cacao (voir page 48). Étalez-le très finement au rouleau entre 2 feuilles guitare. Laissez cristalliser, puis découpez deux C de la même taille que les fonds de tarte.

LE MONTAGE
Posez les fonds de tarte l'un contre l'autre. Dressez régulièrement des dômes de mousse au chocolat noir à la poche à douille. Insérez dans chaque dôme du caramel à l'aide d'une poche munie d'une douille plus petite. Surmontez des C au chocolat blanc et dressez la mousse au chocolat au lait à la poche munie d'une douille à saint-honoré. Décorez de gouttes de caramel.

MON GLACÉ
ENSOLEILLÉ

Pour 6 à 8 personnes • Préparation : 4 h • Cuisson : 5 min • Congélation : 8 h

Pour l'insert abricot-passion : 8 g de gélatine en feuilles • 250 g de purée d'abricots • le jus de 2 fruits de la passion • 50 g de miel d'acacia
Pour la glace à la vanille : 6 jaunes d'œufs • 100 g de sucre • 1 sachet de sucre vanillé • 500 g de lait • 250 g de crème liquide entière • 2 gousses de vanille
Pour la dacquoise vanillée : 3 blancs d'œufs • 30 g de sucre • 70 g de poudre de noisettes • 70 g de sucre glace • 35 g de farine • 2 gousses de vanille
Pour le caramel : 150 g de sucre • 20 g de beurre demi-sel • 100 g de crème liquide • 20 g de glucose
Pour le sorbet à la mangue : 500 g de chair de mangue • 60 g de sucre • 120 g de crème liquide
Pour les sujets en chocolat : 300 g de chocolat au lait • 3 g de beurre de cacao
Pour le montage : 1 spray effet velours jaune

L'INSERT ABRICOT-PASSION
Hydratez la gélatine. Faites chauffer la purée d'abricots, le jus de fruit de la passion et le miel. Essorez la gélatine et incorporez-la. Mixez, puis coulez dans un cercle de 14 cm de diamètre et mettez au congélateur 1 heure.

LA GLACE À LA VANILLE
Blanchissez les jaunes d'œufs, le sucre et le sucre vanillé. Faites chauffer le lait, la crème et les grains des gousses de vanille. Versez-en 1/3 sur les œufs tout en mélangeant, puis reversez le tout dans la casserole et faites cuire à feu doux, sans cesser de mélanger, jusqu'à obtenir la consistance d'une crème anglaise. Laissez refroidir, puis turbinez. Remplissez de glace à mi-hauteur un cercle de 18 cm de diamètre. Posez l'insert abricot-passion et couvrez de glace. Lissez et mettez au congélateur.

LA DACQUOISE VANILLÉE
Préchauffez le four à 240 °C (th. 8). Montez les blancs d'œufs en neige et serrez-les avec le sucre. Laissez le fouet du robot tourner pendant 3 minutes afin d'obtenir une meringue dense. Incorporez la poudre de noisettes et le sucre glace. Terminez par la farine et les grains de vanille. Sur une plaque recouverte de papier cuisson, étalez la pâte sur 8 mm d'épaisseur. Enfournez pour 5 minutes. Laissez refroidir et coupez un cercle de 18 cm de diamètre.

LE CARAMEL
Faites un caramel à sec avec le sucre. Hors du feu, ajoutez le beurre en morceaux et mélangez au fouet. Faites chauffer la crème et ajoutez-la. Remettez sur le feu 5 minutes en remuant au fouet. Retirez du feu et ajoutez le glucose. Réservez.

LE SORBET À LA MANGUE
Mixez la mangue et le sucre. Montez la crème jusqu'à obtenir la consistance d'une crème fouettée. Incorporez-la, turbinez et réservez au congélateur.

LES SUJETS EN CHOCOLAT
Tempérez le chocolat avec le beurre de cacao (voir page 48). Quand il atteint 29 °C, étalez-le à la spatule coudée sur une feuille guitare. Après cristallisation, découpez à l'emporte-pièce des petits sapins et des étoiles. Attendez le durcissement avant utilisation.

LE MONTAGE
Dans un cercle de 20 cm de diamètre, déposez du sorbet à la mangue en garnissant les bords, posez la glace vanille contenant l'insert abricot-passion. Couvrez de sorbet à la mangue et posez le biscuit. Appuyez pour l'emprisonner dans la glace. Lissez et mettez au congélateur 8 heures. Démoulez et floquez au spray effet velours jaune. Décorez avec le caramel et les sujets en chocolat.

EXCLUSIVE

LE PRÉCIEUX

Pour 6 personnes • Préparation : 2 h • Cuisson : 5 min • Réfrigérateur : 4 h

Pour la génoise au citron vert : 4 œufs • 120 g de sucre • 120 g de farine • le zeste de 1 citron vert • 1 pointe de couteau de colorant rouge

Pour le sirop de punchage : les queues des fraises prévues pour le montage • 100 g de sucre • 100 g d'eau

Pour la crème pâtissière au romarin : 6 g de gélatine • 0,5 l de lait entier • quelques branches de romarin • 3 jaunes d'œufs • 1 œuf entier • 125 g de sucre • 50 g de Maïzena®

Pour la crème mousseline : la crème pâtissière (voir ci-dessus) • 250 g de beurre pommade • 150 g de fraises

Pour le montage : 400 g de fraises • du zeste de citron vert râpé • des feuilles de romarin frais

LE BISCUIT GÉNOISE AU CITRON VERT

Préchauffez le four à 180 °C (th. 6). Mélangez le sucre et les œufs dans un cul-de-poule ou dans la cuve du batteur. Posez le récipient sur un bain-marie (sans contact avec l'eau) et fouettez au batteur électrique jusqu'à ce que le mélange atteigne 40 °C. Retirez du bain-marie et continuez de battre jusqu'à complet refroidissement. La préparation doit doubler de volume. Incorporez délicatement la farine tamisée à l'aide d'une maryse et le zeste râpé du citron vert. Séparez la préparation en deux volumes égaux. Ajoutez le colorant rouge dans l'un deux et mélangez à la maryse. Mettez chaque pâte dans une poche à douille. Sur la plaque du four recouverte de papier sulfurisé, dressez côte à côte de petits bâtonnets de la même hauteur que les moules en forme de goutte utilisés pour le montage, en alternant les couleurs. Enfournez pour 5 minutes. Retournez le biscuit sur un torchon humide pour qu'il conserve sa souplesse.

LE SIROP DE PUNCHAGE

Faites chauffer le sucre, l'eau et les queues de fraises pendant 10 minutes. Chinoisez et réservez.

LA CRÈME PÂTISSIÈRE AU ROMARIN

Hydratez la gélatine dans un grand volume d'eau fraîche. Faites chauffer le lait et le romarin ciselé jusqu'à ébullition. Dans un cul-de-poule, blanchissez les jaunes d'œufs, l'œuf entier et le sucre. Incorporez la Maïzena® et mélangez au fouet à main. Chinoisez le lait infusé, versez-le sur les œufs blanchis et mélangez. Reversez le tout dans la casserole de cuisson du lait et faites épaissir à feu doux en remuant sans cesse. Incorporez la gélatine essorée. Étalez la crème dans un récipient large et bas, filmez au contact et réservez au réfrigérateur.

LA CRÈME MOUSSELINE

Rincez et équeutez les fraises, puis coupez-les en petits dés. Mélangez au fouet électrique la crème pâtissière froide, puis incorporez le beurre pommade. Mélangez vivement jusqu'à obtenir une crème légère. Ajoutez la brunoise de fraises et mélangez délicatement. Réservez au frais.

LE MONTAGE

Taillez les fraises en fines lamelles. Punchez le biscuit et tapissez les parois de 6 cadres ou moules en forme de goutte. Déposez des lamelles de fraises au fond, plus remplissez de crème mousseline et recouvrez de fraises. Placez au congélateur au moins 3 heures. Démoulez les gâteaux et posez-les sur leur tranche. Posez une fraise à l'extrémité et décorez de fraises, de zeste de citron vert râpé et de feuilles de romarin.

VERTIGE
YUZU-CARAMEL

Pour 8 personnes • Préparation : 1 h 30 • Cuisson : 15 min • Réfrigération : 8 h • Congélation : 4 h

Pour la ganache montée au chocolat au lait et caramel : 80 g de chocolat Caramelia® • 190 g de crème liquide entière
Pour le biscuit breton vanillé : 85 g de beurre pommade • 65 g de sucre en poudre
• 2 gousses de vanille • 1 jaune d'œuf • 75 g de farine
Pour le caramel au beurre salé : 150 g de sucre • 20 g de beurre demi-sel • 10 cl de crème liquide • 20 g de glucose
Pour le crémeux au yuzu : 4 g de gélatine • 70 g de lait entier • 110 g de jus de yuzu • 45 g de jus de citron
• le zeste râpé de 1 citron jaune • 200 g d'œufs • 110 g de sucre semoule • 2 g de fleur de sel • 260 g de beurre
Pour le glaçage jaune : 6 g de gélatine or en feuilles • 50 g d'eau • 100 g de sucre • 100 g de glucose
• 100 g de chocolat blanc de couverture • 65 g de lait concentré non sucré • du colorant en poudre jaune

LA GANACHE MONTÉE AU CHOCOLAT AU LAIT ET CARAMEL

Faites fondre le chocolat au bain-marie. Portez à ébullition 55 g de crème liquide et versez-la en 3 fois sur le chocolat en émulsionnant. Ajoutez le reste de crème froide. Mixez et placez au réfrigérateur une nuit.

LE BISCUIT BRETON VANILLÉ

Préchauffez le four à 180 °C (th. 6). Dans la cuve du batteur, mélangez à la feuille le beurre et le sucre. Fendez et grattez les 2 gousses de vanille et incorporez les grains au mélange. Ajoutez le jaune d'œuf, puis la farine. Ne travaillez pas trop longtemps la pâte, puis étalez-la sur du papier cuisson sur une épaisseur de 6 mm. Enfournez pour 15 minutes. Laissez tiédir le biscuit, puis coupez 8 rectangles de 2,5 x 6,5 cm.

LE CARAMEL AU BEURRE SALÉ

Faites un caramel à sec avec le sucre. Hors du feu, ajoutez le beurre en morceaux, mélangez au fouet, puis incorporez la crème liquide. Remettez sur le feu 5 minutes en fouettant délicatement. Retirez du feu, ajoutez le glucose, puis réservez.

LE CRÉMEUX AU YUZU

Hydratez la gélatine dans de l'eau froide. Dans une casserole, portez le lait, le jus de yuzu, le jus et le zeste de citron à ébullition. Faites blanchir les œufs et le sucre, puis versez 1/3 du liquide chaud. Reversez le tout dans la casserole et portez à ébullition. Hors du feu, incorporez la gélatine essorée et la fleur de sel. Mixez. Quand le mélange atteint 50 °C, ajoutez le beurre et mixez. Remplissez à mi-hauteur 8 moules en silicone rectangulaires de la même taille que les biscuits bretons. Placez 1 heure au congélateur. Coulez du caramel à l'aide d'une poche à douille sur la longueur, en évitant les bords. Couvrez de crémeux et posez un biscuit breton. Lissez et mettez au congélateur pour au moins 4 heures.

LE GLAÇAGE JAUNE

Hydratez la gélatine. Faites chauffer l'eau, le sucre et le glucose à 103 °C. Versez sur le chocolat blanc et mélangez au fouet. Incorporez la gélatine essorée et le lait concentré non sucré. Ajoutez le colorant et mélangez au fouet. Passez au mixeur plongeant pour obtenir un mélange lisse.

LA FINITION

Fouettez la ganache, mettez-la en poche et réservez au frais. Quand le glaçage atteint 30 °C, démoulez les crémeux et posez-les sur une grille. Nappez-les de glaçage de manière à les recouvrir entièrement. Décorez-les de ganache.

FRAÎCHEUR
ESTIVALE

Pour 6 à 8 personnes • Préparation : 1 h 30 • Cuisson : 15 min • Congélation : 12 h • Réfrigération : 4 h

Pour le biscuit Sacher au chocolat : 145 g de pâte d'amandes • 90 g de sucre • 70 g de jaunes d'œufs • 55 g d'œufs entiers • 87 g de blancs d'œufs • 35 g de chocolat noir • 40 g de beurre • 35 g de farine • 17 g de cacao en poudre

Pour la compotée de pêches au jasmin : 750 g de pêches blanches • 600 g de sucre à confiture • le jus de 1 citron • 10 g de feuilles de thé au jasmin

Pour le crémeux au jasmin : 4 g de gélatine en feuilles • 15 g de feuilles de thé au jasmin • 25 cl de crème liquide entière • 3 jaunes d'œufs • 50 g de sucre

Pour la mousse au chocolat noir : 18 g d'œufs • 20 g de sucre en poudre • 110 g de lait • 195 g de chocolat noir • 275 g de crème fleurette (35 % de MG)

Pour le glaçage au chocolat blanc : 4 g de gélatine en feuilles • 265 g de chocolat blanc • 18 cl de crème liquide entière • 4 cl d'eau • 30 g de glucose • 2,5 cl d'huile de pépins de raisin

LE BISCUIT SACHER AU CHOCOLAT

Préchauffez le four à 180 °C (th. 6). Mélangez à la feuille la pâte d'amandes et 45 g de sucre, puis incorporez les jaunes et les œufs entiers un à un. Le mélange doit être lisse et homogène. Montez les blancs en neige avec le reste de sucre. Faites fondre le chocolat noir et le beurre. Incorporez 1/3 des blancs au mélange chocolat-beurre et mélangez jusqu'à l'obtention d'une texture lisse. Ajoutez le mélange pâte d'amandes-œufs, puis incorporez la farine, le cacao et le reste de blancs d'œufs. Étalez la pâte sur la plaque du four recouverte de papier cuisson et enfournez pour 10 à 15 minutes, jusqu'à coloration. Quand le gâteau est tiède, coupez un rectangle de 23 x 6,5 cm.

LA COMPOTÉE DE PÊCHES AU JASMIN

Pelez et coupez en morceaux les pêches. Dans une casserole, portez à ébullition le jus de citron, le sucre, le thé et les pêches. Laissez cuire 15 minutes en mélangeant régulièrement à la spatule en bois. Retirez l'écume, puis coulez dans un cadre de 20 x 5 cm sur 5 mm d'épaisseur. Réservez au frais.

LE CRÉMEUX AU JASMIN

Hydratez la gélatine. Faites chauffer la crème, puis ajoutez le thé et laissez infuser pendant 5 minutes. Filtrez et reversez dans la casserole. Dans un cul-de-poule, mélangez les jaunes d'œufs et le sucre. Ajoutez ce mélange à la crème et faites cuire à feu doux jusqu'à 80 °C en remuant. Incorporez la gélatine essorée. Retirez du feu et mixez pour lisser. Coulez le crémeux sur la compotée, lissez et mettez au congélateur pour 4 heures.

LA MOUSSE AU CHOCOLAT NOIR Voir page 25.

LE GLAÇAGE AU CHOCOLAT BLANC

Hydratez la gélatine. Faites fondre le chocolat au bain-marie. Portez la crème, l'eau et le glucose à ébullition. Versez 1/3 de ce mélange sur le chocolat. Mélangez énergiquement pour avoir un mélange brillant. Incorporez le reste en deux fois suivant la même méthode. Incorporez la gélatine essorée, puis l'huile de pépins de raisin. Mixez et réservez.

LE MONTAGE

Remplissez un moule rectangle à mi-hauteur avec la mousse au chocolat. Posez l'insert pêche-jasmin, puis couvrez de mousse et surmontez du biscuit. Lissez et mettez au congélateur pour 1 nuit. Faites tiédir le glaçage à 37 °C. Démoulez l'entremets, posez-le sur une grille et couvrez-le de glaçage. Remettez-le au réfrigérateur pour 4 heures avant de le déguster.

CHARME
EXOTIQUE

Pour 6 à 8 personnes • Préparation : 3 h • Cuisson : 1 h • Congélation : 16 h

Pour le crémeux à la vanille : 2 g de gélatine • 1/2 ananas • 80 g de lait demi-écrémé • 90 g de crème liquide entière (35 % de MG) • 1 gousse de vanille • 1 jaune d'œuf • 56 g de chocolat blanc

Pour le confit ananas-passion : 1/2 ananas • 3 fruits de la passion • 250 g de sucre à confiture • 1 gousse de vanille • 1 c. à s. de rhum

Pour le craquant à la vanille : 54 g d'amandes blanches • 6 g de sucre glace • 5 g de beurre • 35 g de chocolat blanc • 1 pincée de fleur de sel • 20 g de feuilletine (Gavottes® émiettées) • 3 g de poudre de vanille • 1 gousse de vanille

Pour le biscuit moelleux au chocolat : 50 g de chocolat noir • 20 g de chocolat au lait • 1,5 œuf • 77 g de sucre • 8 g de crème épaisse • 13 g de poudre d'amandes • 65 g de lait demi-écrémé • 90 g de farine • 3 g de levure chimique • 1 pincée de fleur de sel • 60 g de beurre fondu tiède

Pour le glaçage : 6 g de gélatine • 50 g d'eau • 100 g de sucre • 100 g de glucose • 100 g de chocolat blanc de couverture • 65 g de lait concentré non sucré • 1 pointe de colorant hydrosoluble orange

LE CRÉMEUX À LA VANILLE

Hydratez la gélatine. Taillez en brunoise de 8 mm la chair de l'ananas. Faites chauffer le lait, la crème et la gousse de vanille fendue et grattée. Laissez infuser à feu doux pendant 10 minutes. Retirez la gousse de vanille et versez le mélange sur le jaune d'œuf. Reversez dans la casserole et faites cuire à 80 °C en remuant. Versez sur le chocolat blanc, mélangez, puis incorporez la gélatine essorée. Mixez et ajoutez la brunoise d'ananas. Réservez au frais pour une nuit.

LE CONFIT ANANAS-PASSION

Détaillez la chair de l'ananas en cubes. Coupez les fruits de la passion en deux et récupérez le contenu à l'aide d'une petite cuillère. Mélangez les fruits avec le sucre, le rhum et les grains de la gousse de vanille. Portez à ébullition et laissez mijoter 15 minutes en mélangeant régulièrement. Coulez le confit dans un cercle de 18 cm de diamètre. Placez au congélateur pour une nuit.

LE CRAQUANT À LA VANILLE

Mixez les amandes avec le sucre glace afin d'obtenir une pâte liquide ; c'est le duja. Faites fondre le chocolat avec le beurre, puis ajoutez le duja, la feuilletine, la fleur de sel, la poudre de vanille et les grains de la gousse de vanille. Mélangez, puis réservez.

LE BISCUIT MOELLEUX AU CHOCOLAT

Préchauffez le four à 165 °C (th. 5-6). Faites fondre les chocolats au bain marie. Fouettez 10 minutes les œufs avec le sucre. Dans un autre récipient, mélangez au fouet la crème fraîche, la poudre d'amandes et le lait. Ajoutez la farine, la levure et la fleur de sel. Incorporez délicatement le beurre fondu tiède, le chocolat fondu et le mélange œufs-sucre. Versez la pâte dans un moule rond de 16 cm de diamètre et enfournez pour 20 minutes. À la sortie du four, étalez le craquant sur le biscuit et laissez-le fondre. Réservez au frais.

LE GLAÇAGE

Préparez le glaçage (voir page 32), incorporez le colorant et réservez.

LE MONTAGE

Chemisez un cercle de 22 cm de diamètre avec du rhodoïd et déposez une couche de crémeux à la vanille au fond. Posez le confit ananas-passion et couvrez de crémeux. Surmontez du biscuit, face craquante en dessous. Lissez et mettez au congélateur pour 1 nuit. Démoulez l'entremets et posez-le sur une grille. Faites tiédir le glaçage à 30 °C. Nappez-en l'entremets pour le couvrir entièrement, puis remettez-le 4 heures au réfrigérateur.

MA SAINT-VALENTIN

Pour 6 personnes • Préparation : 40 min • Cuisson : 15 min • Réfrigération : 8 h

Pour le biscuit cuillère : 5 jaunes d'œufs • 125 g de sucre • 125 g de farine • 8 blancs d'œufs • 125 g de sucre glace • 1 c. à s. d'arôme de litchi • 1 c. à s. d'arôme de rose • du colorant rose

Pour la crème anglaise : 4 jaunes d'œufs • 65 g de sucre • 35 cl de lait entier • 1 gousse de vanille

Pour la mousse rose-litchi : 14 g de gélatine • 40 cl de crème liquide entière • 120 g de chocolat blanc • 4 cl d'eau de rose • 200 g de litchis frais ou en boîte

Pour la ganache montée au chocolat blanc : 160 g de chocolat blanc • 380 g de crème liquide entière (35 % de MG) • du colorant rose

Pour le montage : 250 g de framboises fraîches

LE BISCUIT CUILLÈRE

Préchauffez le four à 180 °C (th. 6). Mélangez les jaunes d'œufs et le sucre. Ajoutez la farine tamisée et mélangez jusqu'à obtenir un mélange homogène. Montez les blancs d'œufs en neige avec 90 g de sucre glace. Incorporez 1/3 de la meringue au premier appareil. Mélangez au fouet. Ajoutez le reste de meringue et mélangez délicatement à la maryse. Divisez la préparation en deux parts. Dans l'une, ajoutez l'arôme de litchi et dans l'autre, l'arôme de rose et une pointe de couteau de colorant. Mettez chaque préparation dans une poche à douille munie d'une douille unie. Sur la plaque du four recouverte de papier cuisson, dressez côte à côte des bâtonnets de pâte de 4,5 cm de long en alternant les couleurs. Saupoudrez du reste de sucre glace. Enfournez pour 15 minutes jusqu'à coloration.

LA CRÈME ANGLAISE

Préparez la crème anglaise (voir page 86) et passez-la au chinois.

LA MOUSSE ROSE-LITCHI

Hydratez la gélatine. Égouttez-la et incorporez-la à la crème anglaise chaude, puis ajoutez le chocolat blanc. Laissez fondre. Fouettez la crème liquide. Lorsque la crème anglaise est à température ambiante, ajoutez 1/3 de la crème montée et l'eau de rose. Mélangez au fouet, puis ajoutez les litchis taillés en brunoise. Versez le reste de crème fouettée en mélangeant délicatement à la maryse. Réservez au frais.

LA GANACHE MONTÉE AU CHOCOLAT BLANC

Faites fondre le chocolat blanc au bain-marie. Portez 110 g de crème liquide à ébullition. Versez lentement 1/3 de crème chaude sur le chocolat. Mélangez énergiquement à la maryse pour rendre la préparation brillante. Incorporez le reste de crème en deux fois selon le même procédé. Mixez pour terminer l'émulsion. Ajoutez 270 g de crème liquide froide. Filmez au contact et réservez au réfrigérateur 4 heures. Fouettez la ganache à vitesse modérée jusqu'à obtenir une consistance crémeuse. Prélevez-en 1/3 et colorez-la en rose. Versez les ganaches dans deux poches à douille, insérez-les dans une troisième poche munie d'une douille 1M (pour réaliser des roses). Réservez au frais plusieurs heures.

LE MONTAGE

Chemisez de rhodoïd un moule ovale de 20 cm de long et 4,5 cm de hauteur, puis tapissez les parois de biscuit cuillère. Remplissez de mousse rose-litchi à mi-hauteur, lissez et mettez au congélateur 1 heure. Disposez les framboises et recouvrez de mousse rose-litchi jusqu'à 0,5 cm en-dessous du biscuit. Lissez et réservez au frais pendant 4 heures. Décerclez la charlotte et décorez-la de roses à la ganache. Remettez au frais jusqu'à la dégustation.

SEASIDE

CHEESECAKE
PYRÉNÉEN

Pour 8 personnes • Préparation : 1 h • Cuisson : 25 min

Pour le biscuit breton vanillé : 85 g de beurre pommade • 65 g de sucre • 2 gousses de vanille • 1 jaune d'œuf • 75 g de farine
Pour l'appareil à cheesecake : 230 g de cream cheese Philadelphia® • 70 g de sucre • 16 g de crème liquide • 50 g d'œufs • 10 g de jaune d'œuf • 3 gousses de vanille
Pour la confiture de myrtilles : 335 g de myrtilles fraîches • 235 g de sucre à confiture • 10 cl d'eau
Pour le montage : 300 g de myrtilles fraîches

LE BISCUIT BRETON VANILLÉ

Préchauffez le four à 180 °C (th. 6). Dans la cuve du batteur, mélangez à la feuille le beurre, le sucre et les grains des gousses de vanille. Ajoutez le jaune d'œuf, puis la farine. Ne travaillez pas trop la pâte. Étalez-la dans un moule carré de 18 cm de côté sur 5-6 mm d'épaisseur. Enfournez pour 10 à 15 minutes. Laissez tiédir le biscuit.

L'APPAREIL À CHEESECAKE

Préchauffez le four à 130 °C (th. 4-5). Dans un bol, mélangez le cream cheese avec le sucre. Incorporez progressivement la crème, les œufs, le jaune et les grains des gousses de vanille. Lorsque cet appareil est lisse, versez-le dans le moule sur le biscuit breton et enfournez pour 10 minutes. Laissez refroidir, puis réservez au frais jusqu'au dressage.

LA CONFITURE DE MYRTILLES

Dans une casserole, portez à ébullition l'eau et le sucre. Maintenez cette ébullition pendant 5 minutes. Rincez les myrtilles et ajoutez-les. Laissez cuire environ 20 minutes et réservez.

LE MONTAGE

Sortez le cheesecake du réfrigérateur, étalez sur le dessus une fine couche de confiture à la spatule coudée, puis disposez les myrtilles fraîches.

L'ASTUCE DE CYRIL

Pour conserver la confiture, versez-la chaude dans un pot, vissez aussitôt le couvercle, puis retournez le pot et laissez refroidir complètement. Ainsi une stérilisation naturelle se fera à l'intérieur du pot.

DÉLICE
CARAMEL-KUMQUAT

Pour 6 à 8 personnes • Préparation : 3 h • Cuisson : 25 min • Réfrigération : 8 h • Congélation : 5 h

Pour le crémeux au caramel : 4,5 g de gélatine • 290 g de lait entier • 2 gousses de vanille • 45 g de jaunes d'œufs • 115 g de sucre • 22 g de poudre à crème • 160 g de beurre demi-sel

Pour le croustillant aux amandes : 60 g de beurre mou • 60 g de cassonade • 150 g d'amandes émondées • 1 g de fleur de sel • 10 g de farine

Pour le biscuit pain de Gênes : 100 g de pâte d'amandes • 100 g d'œufs • 45 g de sucre • 5 g de lait • 30 g de farine • 1 g de levure chimique • 30 g de beurre • le zeste de 1 orange

Pour la compotée de kumquats : 10 kumquats • 2 c. à s. de sucre

Pour le glaçage au chocolat au lait : 150 g de sucre • 150 g de glucose • 100 g de lait concentré • 10 g de gélatine • 70 g d'eau • 150 g de chocolat au lait

LE CRÉMEUX AU CARAMEL

Préparez le crémeux la veille. Hydratez la gélatine. Faites tiédir le lait et les grains des gousses de vanille. Mélangez les jaunes d'œufs, 15 g de sucre et la poudre à crème. Réalisez un caramel à sec avec le reste de sucre. Hors du feu, versez le lait tiédi et mélangez au fouet. Ajoutez le mélange œufs-sucre-poudre à crème, remettez sur le feu et portez à ébullition. Retirez du feu et incorporez la gélatine essorée. Laissez tiédir à 50 °C, puis ajoutez le beurre et mixez. Réservez au réfrigérateur une nuit.

LE CROUSTILLANT AUX AMANDES

Préchauffez le four à 170 °C (th. 5-6). Hachez les amandes. Mélangez le beurre et la cassonade. Ajoutez les amandes, la farine et la fleur de sel. Versez dans un cadre de 15 x 15 cm et enfournez pour 10 minutes.

LE BISCUIT PAIN DE GÊNES

Montez la température du four à 180 °C (th. 6). Mixez la pâte d'amandes, en ajoutant les œufs un à un. Incorporez le sucre, le lait, le zeste d'orange, la farine et la levure. Faites fondre le beurre à 45 °C et ajoutez-le. Étalez la pâte sur le croustillant sur 1 cm d'épaisseur et enfournez pour 15 minutes. Laissez tiédir le biscuit, puis détaillez 6 rectangles de 2 x 8 cm.

LA COMPOTÉE DE KUMQUATS

Portez de l'eau à ébullition et ajoutez les kumquats, laissez-les cuire 10 minutes. Égouttez-les et coupez-les en huit. Déposez-les dans une casserole avec le sucre et faites compoter à feu doux pendant environ 15 minutes. Mixez, puis étalez dans un cadre carré de 15 x 15 cm sur 3 mm d'épaisseur. Mettez au congélateur pendant 1 heure.

LE GLAÇAGE AU CHOCOLAT AU LAIT

Hydratez la gélatine. Faites chauffer l'eau, le sucre et le glucose à 103 °C. Versez le sirop sur le chocolat blanc et mélangez. Ajoutez le lait concentré et la gélatine essorée. Mixez et réservez.

LE MONTAGE

Remplissez à mi-hauteur 6 moules rectangulaires individuels avec le crémeux caramel. Coupez 6 rectangles de 1 x 6 cm dans la compotée de kumquats. Posez-les sur le crémeux et surmontez d'un biscuit croustillant, face biscuit de Gênes sur le dessus. Lissez pour retirer l'excédent de crémeux et placez 4 heures au congélateur. Faites chauffer le glaçage à 30-32 °C. Démoulez les entremets et posez-les sur une grille. Nappez-les de glaçage.

AUTOUR
DU CHOCOLAT

LE TEMPÉRAGE

Cette opération consiste à faire fondre le chocolat, puis à le refroidir avant de le réchauffer afin d'atteindre la température idéale pour le travailler. C'est une technique incontournable pour réaliser des bonbons, tablettes, moulages ou décors bien brillants, faciles à démouler, sans traces blanches et résistants à l'humidité et la chaleur.

La technique : l'exemple du chocolat noir

Faites fondre le chocolat au bain-marie en le remuant. Veillez à ne pas dépasser la température préconisée (55 °C pour le chocolat noir). Retirez le récipient du bain-marie et continuez de remuer le chocolat pour le refroidir légèrement (28-29 °C). Remettez-le alors au bain-marie pour lui faire atteindre sa température de cristallisation (soit 31-32 °C).

La juste température

La courbe de température varie pour chaque type de chocolat (voir le tableau). Pour obtenir une texture facile à travailler, respectez-les à l'aide d'un thermomètre à sonde.

	Chocolat noir	Chocolat au lait	Chocolat blanc
Faire fondre à :	55 °C	45-50 °C	45-50 °C
Refroidir à :	28-29 °C	27-28 °C	26-27 °C
Remonter à :	31-32 °C	29-30 °C	28-29 °C

Le beurre de cacao, un ingrédient magique

Pour un tempérage plus rapide et réussi à tous les coups, utilisez du beurre de cacao. Comptez 1 % de la quantité de chocolat. Faites-le fondre au bain-marie ou au micro-ondes. Faites fondre le chocolat, laissez-le refroidir en respectant les températures ci-dessus, puis incorporez le beurre de cacao fondu. Le tour est joué, le chocolat arrive à sa température idéale !

APPLICATION 1 : LE MOULAGE EN CHOCOLAT

Le matériel : 1 moule • 1 spatule de plâtrier

La technique

Tempérez 400 g de chocolat. Frottez le moule avec du coton pour éviter toute trace sur le chocolat. Versez le chocolat pour couvrir l'intérieur du moule. Patientez 10 secondes, puis retournez le moule au-dessus d'un récipient pour vider l'excédent de chocolat. Tapotez-le avec une spatule de plâtrier, puis placez-le à l'envers sur une grille. Lorsque le chocolat commence à cristalliser, retournez le moule et grattez les bords avec le couteau de plâtrier pour retirer les coulures et lisser les bords. Ébarber les bords du moule est une étape importante ; le chocolat va ainsi pouvoir se rétracter et être facile à démouler. Réservez 1 heure au réfrigérateur. Démoulez le chocolat en tapotant légèrement le moule. Si vous souhaitez assembler plusieurs éléments entre eux, faites fondre le bord des différentes pièces dans une grande poêle chaude et assemblez-les.

APPLICATION 2 : LES DISQUES EN CHOCOLAT

Le matériel : 1 plaque à pâtisserie • 2 feuilles guitare • 1 emporte-pièce • 1 spatule

La technique

Placez une feuille plastique sur la plaque à pâtisserie. Couvrez-la de chocolat tempéré, puis de la seconde feuille guitare. Étalez au rouleau à pâtisserie sur 1 mm d'épaisseur. Quand le chocolat commence à cristalliser, découpez des disques à l'emporte-pièce. Appuyez suffisamment pour marquer la forme. Laissez cristalliser environ 30 minutes à température fraîche. Retirez délicatement la première feuille guitare et détachez les disques en chocolat. Conservez-les dans un endroit sec et frais.

L'astuce de Cyril

Si la température de la pièce est trop élevée, posez une plaque à pâtisserie sur la feuille guitare supérieure et réservez au réfrigérateur 30 minutes.

EN TOUTE SIMPLICITÉ

ESCARGOTS
PISTACHE-CHOCOLAT

Pour 8 brioches • Préparation : 1 h • Cuisson : 20 min • Repos : 4 h • Réfrigération : 8 h

Pour la crème pâtissière à la pistache : 0,5 l de lait • 1/2 gousse de vanille • 1 œuf entier • 3 jaunes d'œufs • 125 g de sucre • 50 g de Maïzena® • 3 c. à s. de pâte de pistaches aromatisée et colorée

Pour la pâte à brioche : 25 g de lait • 18 g de levure de boulanger fraîche • 600 g de farine • 12 g de sel • 60 g de sucre • 300 g d'œufs entiers tempérés • 200 g de beurre pommade doux • 100 g de beurre pommade demi-sel

Pour le façonnage : 125 g de pépites de chocolat noir • du sucre en grains

LA CRÈME PÂTISSIÈRE À LA PISTACHE

Dans une casserole, faites chauffer le lait, la gousse et les grains de vanille. Dans un cul-de-poule, fouettez vigoureusement l'œuf entier, les jaunes et le sucre pour les faire blanchir. Incorporez la Maïzena® et mélangez. Lorsque le lait est à ébullition, versez-le sur les œufs blanchis et mélangez. Reversez le tout dans la casserole et faites cuire à feu modéré pendant 5 minutes en remuant constamment et en veillant à ce que la crème n'attache pas au fond de la casserole. Débarrassez-la dans un grand récipient froid et incorporez la pâte de pistaches à la maryse. Filmez au contact et réservez.

LA PÂTE À BRIOCHE

Faites tiédir le lait, puis versez-le dans un bol et ajoutez la levure de boulanger pour la diluer. Tamisez la farine et versez-la dans la cuve du batteur. Ajoutez le sel et le sucre, puis mélangez au crochet. Ajoutez le mélange lait-levure. Il faut veiller à ne jamais mettre en contact direct la levure de boulanger et le sel ou le sucre, car elle perdrait son pouvoir levant. Ajoutez les œufs et pétrissez délicatement jusqu'à ce que toute la farine soit amalgamée. Augmentez la vitesse du batteur et pétrissez 10 minutes pour donner du corps à la pâte. Elle doit se détacher des parois de la cuve. Incorporez le beurre coupé en morceaux et pétrissez jusqu'à ce que la pâte se détache à nouveau des parois de la cuve. À ce stade, la pâte avoisine les 23 °C. Couvrez-la avec un torchon et laissez-la pousser à température ambiante jusqu'à ce qu'elle ait doublé de volume, soit environ 2 heures. Rompez-la à la main. Filmez-la au contact et stockez-la au réfrigérateur toute une nuit.

LE FAÇONNAGE DES PAINS

Le lendemain, rompez-la à nouveau, puis étalez-la au rouleau à pâtisserie de façon à former un rectangle d'une épaisseur de 3 mm. Couvrez-le de crème pâtissière sur une épaisseur de 3 mm, en laissant une bande nue de 2 cm sur l'une des longueurs. Parsemez la crème pâtissière de pépites de chocolat noir. À l'aide d'un pinceau, badigeonnez d'eau la bande de pâte sans crème (elle va permettre de souder la viennoiserie). Roulez la pâte sur elle-même en terminant par la partie sans crème et soudez soigneusement la bordure sur toute la longueur. Détaillez le boudin obtenu en tronçons de 3 cm d'épaisseur et posez-les à plat sur une plaque à pâtisserie. Saupoudrez de sucre en grains et laissez-les pousser environ 2 heures. Préchauffez le four à 180 °C (th. 6) et enfournez les brioches pour 20 minutes ; elles doivent être bien dorées.

CANNELÉS
BORDELAIS

Pour 8 personnes • Préparation : 15 min • Cuisson : 1 h • Réfrigération : 48 h

Pour la pâte à cannelés : 500 ml de lait entier • 50 g de beurre • 1 belle gousse de vanille • 250 g de sucre • 100 g de farine • 2 œufs entiers • 2 jaunes d'œufs • 15 cl de rhum vieux

LA PÂTE À CANNELÉS

Faites chauffer 375 ml de lait, le beurre et la vanille fendue en deux et grattée jusqu'à ce que le mélange atteigne 84 °C. Dans un cul-de-poule, mélangez au fouet le sucre, la farine, les œufs entiers et les jaunes, le reste de lait (125 ml) et le rhum vieux. Veillez à ne pas avoir de grumeaux. Incorporez le lait chaud, mélangez et réservez dans une bouteille au frais pendant 48 heures.

LA CUISSON

Préchauffez le four à 200 °C (th. 6-7). Remplissez des moules à cannelés aux trois-quarts avec la pâte et enfournez pour 1 heure. Privilégiez les moules en cuivre, mais si vous ne voulez pas investir, utilisez ceux en silicone qui donnent également un beau résultat !

L'ASTUCE DE CYRIL

Une idée de cadeau original : des cannelés en bocaux, c'est simple et surtout très bon ! Placez des cannelés dans de petits bocaux. Portez à ébullition 300 ml d'eau avec 100 g de sucre en poudre et laissez cuire 10 minutes. Ajoutez les grains d'une gousse de vanille et 15 à 20 cl de vieux rhum (ajustez la quantité selon votre goût). Laissez tiédir le sirop, puis versez-le sur les cannelés en bocaux de manière à les couvrir entièrement et fermez hermétiquement. Vous pouvez conserver ces bocaux 8 à 10 jours au frais et servir les cannelés avec une boule de glace à la vanille, par exemple.

MA CONVERSATION

Pour 6 à 8 personnes • Préparation : 1 h • Cuisson : 45 min • Réfrigération : 1 h

Pour la pâte feuilletée rapide : 200 g de beurre • 250 g de farine • 5 g de sel • 125 g d'eau
Pour la crème d'amandes : 100 g de beurre pommade doux • 100 g de sucre • 50 g de poudre d'amandes • 2 œufs • 1 c. à c. de rhum • 2 c. à c. de cacao en poudre
Pour l'écrasée de poire citronnée : 2 poires • le jus de 1 citron • 100 g de sucre
Pour la glace royale : 15 g de farine • 125 g de sucre glace • 1 blanc d'œuf • 1/2 c. à c. de jus de citron

LA PÂTE FEUILLETÉE RAPIDE

Mélangez le beurre en petits cubes à la farine, ajoutez le sel et l'eau froide, ne cherchez pas à trop incorporer le beurre à la pâte. Donnez 5 tours simples (Étalez la pâte, pliez-la en trois et tournez-la d'un quart de tour : vous avez fait un tour. Recommencez autant de fois que nécessaire). Filmez la pâte et mettez-la au frais pendant 30 minutes.

LA CRÈME D'AMANDES

Mélangez à la maryse le beurre pommade, le sucre et la poudre d'amandes. Ajoutez les œufs, le rhum, le cacao en poudre et lissez le mélange. Réservez.

L'ÉCRASÉE DE POIRE CITRONNÉE

Pelez et épépinez les poires. Coupez leur chair en morceaux et mixez-les avec le jus de citron et le sucre. Au besoin, ajoutez un peu de sucre pour ajuster la saveur. Réservez.

LA GLACE ROYALE

Tamisez la farine avec le sucre glace, mélangez à la spatule et incorporez le blanc d'œuf. Ajoutez quelques gouttes de jus de citron. Mélangez à nouveau et réservez.

LE MONTAGE

Abaissez la pâte feuilletée à 2 mm d'épaisseur, foncez le cercle ou le moule à tarte en laissant largement dépasser la pâte tout autour. Réservez de la pâte pour le dessus. Remplissez le fond de tarte à mi-hauteur avec la crème d'amandes. À l'aide d'une poche à douille, déposez une fine couche uniforme d'écrasée de poire sur toute la surface. Coupez un disque de pâte plus petit que le diamètre du moule. Mouillez les bords au pinceau et posez-le sur la tarte. Soudez soigneusement les bords avec les doigts et coupez l'excédent de pâte. Placez quelques minutes au réfrigérateur. Étalez le reste de pâte et découpez de fines bandes. Couvrez la tarte d'une fine couche de glace royale à l'aide d'une spatule coudée, puis disposez les bandes de pâte en les croisant pour former des losanges. Réservez 30 minutes au réfrigérateur. Préchauffez le four à 180 °C (th. 6) et enfournez pour 45 minutes. Laissez refroidir la tarte avant de la décercler.

PETITS
PLAISIRS

Pour 30 bugnes et 10 gaufres • Préparation : 55 min • Cuisson : 30 min • Repos-réfrigération : 1 h 30

Pour les bugnes : 250 g de farine • 5 g de sel fin • 100 g de sucre • 1 sachet de sucre vanillé • 1/2 paquet de levure chimique • 100 g de beurre pommade • 4 œufs entiers • de l'huile de friture • du sucre glace

Pour les gaufres moelleuses : 300 g de farine • 50 g de sucre • 1 pincée de sel • 4 œufs • 2 c. à c. d'eau de fleur d'oranger • 250 g de fromage blanc • 100 g de beurre pommade • 2 gousses de vanille • 10 cl de lait écrémé

LES BUGNES

Dans la cuve du batteur muni du crochet, versez la farine, le sel, le sucre, le sucre vanillé, la levure, le beurre et les œufs. Mélangez jusqu'à l'obtention d'une pâte homogène. Formez une boule et laissez-la reposer au moins 30 minutes dans un torchon. Sur le plan de travail fariné, étalez la pâte au rouleau sur quelques millimètres d'épaisseur. À l'aide d'une roulette à pâte cannelée, taillez des losanges de 4 cm de large. Incisez-les en leur centre. Faites chauffer de l'huile de friture à 180 °C et plongez-y les bugnes. Laissez dorer la première face, puis retournez-les. Égouttez-les sur du papier absorbant et saupoudrez-les de sucre glace juste avant de les déguster.

LES GAUFRES MOELLEUSES

Dans un bol, rassemblez la farine, le sucre et le sel. Ajoutez les œufs et l'eau de fleur d'oranger. Travaillez le mélange à la spatule tout en ajoutant le fromage blanc, le beurre et les grains des gousses de vanille. Ajoutez le lait et fouettez jusqu'à l'obtention d'une pâte lisse et fluide. Laissez-la reposer 1 heure au réfrigérateur. Faites chauffer un gaufrier, huilez légèrement les plaques au pinceau et déposez une petite quantité de pâte. Faites cuire 2 minutes de chaque côté. Décollez les gaufres et saupoudrez-les de sucre glace ou de toute autre gourmandise avant de les déguster aussitôt.

L'ASTUCE DE CYRIL

Pour des gaufres encore plus moelleuses, clarifiez les œufs et montez les blancs en neige avant de les incorporer à la pâte.

CAKE
ATTITUDE

Pour 6 personnes • Préparation : 1 h 20 • Cuisson : 55 min • Réfrigération : 30 min

Pour le praliné : 100 g de noisettes • 100 g de noix de pécan • 100 g d'amandes blanchies • 225 g de sucre semoule
Pour l'appareil à cake : 1 poire • 125 g de sucre • 1 sachet de sucre vanillé • 125 g de beurre fondu • 3 œufs entiers • 160 g de farine • 6 g de levure chimique • 1 pincée de sel • 2 gousses de vanille • 50 g de praliné maison (voir ci-dessus)
Pour le glaçage au chocolat au lait : 150 g de sucre glace • 150 g de beurre doux • 175 g de chocolat au lait • 5 cl de lait demi-écrémé • 150 g de praliné en grains

LE PRALINÉ

Préchauffez le four à 150 °C (th. 5). Étalez les fruits secs sur une plaque recouverte de papier sulfurisé et enfournez-les pour 10 minutes, le temps de les torréfier. Laissez-les refroidir. Frottez les noisettes dans un torchon pour ôter la pellicule marron qui les entoure. Faites chauffer 75 g de sucre à sec jusqu'à l'obtention d'une belle coloration ambrée. Attention à ne pas trop laisser le caramel se colorer, il risquerait de devenir amer. Ajoutez 75 g de sucre et remuez. Quand il est entièrement fondu, ajoutez le reste de sucre et laissez chauffer jusqu'à sa caramélisation complète. Ajoutez les fruits secs et mélangez rapidement. Étalez le caramel aux fruits secs sur un tapis en silicone, laissez-le refroidir puis cassez-le en morceaux. Mixez-les jusqu'à l'obtention d'une pâte fine.

L'APPAREIL À CAKE

Préchauffez le four à 180 °C (th. 6). Pelez la poire, évidez-la et coupez sa chair en dés de 0,5 cm de côté. Versez le sucre dans la cuve du batteur. Ajoutez le beurre fondu et mélangez jusqu'à l'obtention d'un mélange crémeux. Ajoutez les œufs un à un, puis la farine, la levure et le sel. Prélevez 1/3 de la pâte obtenue et incorporez le praliné. Dans les 2/3 restants, incorporez les grains des gousses de vanille et la brunoise de poire. Graissez légèrement un moule à cake. Versez une couche de pâte vanille-poire au fond du moule. Couvrez de la pâte au praliné et terminez avec le reste de pâte vanille-poire. Mélangez rapidement avec la pointe d'un couteau et enfournez pour 45 minutes environ. Démoulez le cake sur une grille et laissez-le refroidir.

LE GLAÇAGE AU CHOCOLAT AU LAIT

Tamisez le sucre glace et versez-le avec le beurre, le chocolat et le lait dans un cul-de-poule. Posez sur un bain-marie (sans contact avec l'eau) et faites chauffer sans trop mélanger. Quand le chocolat et le beurre sont fondus, retirez le cul-de-poule du bain-marie, mélangez et ajoutez le praliné en grains. Laissez tiédir.

LE MONTAGE

Posez le cake sur une grille et couvrez-le de glaçage. Mettez le cake au réfrigérateur pendant environ 30 minutes.

LES ASTUCES DE CYRIL

- Pour vérifier la cuisson du cake, piquez le centre avec la pointe d'un couteau : si elle ressort sèche, le gâteau est cuit.
- Pour éviter que les morceaux de poire ne descendent au fond du moule lors de la cuisson, enrobez-les de farine et incorporez-les délicatement à l'appareil.

RENCONTRE
INATTENDUE

Pour 6-8 personnes • Préparation : 1 h • Cuisson : 50 min • Congélation : 8 h

Pour le biscuit dacquoise : 100 g de blancs d'œufs • 50 g de sucre • 50 g de poudre d'amandes • 40 g de poudre de noisettes • 55 g de sucre glace

Pour les noisettes caramélisées : 100 g de noisettes émondées • 35 g de sucre glace • 1 c. à s. d'eau

Pour le coulis de mûres : 180 g de mûres • 3 g de pectine NH • 40 g de sucre

Pour la crème à la violette : 2 g de gélatine • 90 g de lait • 30 g de bonbons à la violette • 30 g de jaunes d'œufs • 35 g de cassonade • 230 g de crème montée

Pour le glaçage violet : 50 g d'eau • 100 g de sucre • 100 g de glucose • 65 g de lait concentré non sucré • 100 g de chocolat blanc • 6 g de gélatine en feuilles • 1 pointe de couteau de colorant hydrosoluble en poudre violet

LE BISCUIT DACQUOISE

Préchauffez le four à 160 °C (th. 5-6). Montez les blancs d'œufs en neige avec le sucre. Incorporez délicatement les poudres tamisées à la maryse. Sur la plaque du four recouverte de papier sulfurisé, dressez 2 disques de pâte de 16 cm de diamètre à l'aide d'une poche à douille et enfournez pour 25 minutes environ.

LES NOISETTES CARAMÉLISÉES

Préchauffez le four à 140 °C (th. 4-5). Dans un bol, mélangez les noisettes et le sucre glace. Ajoutez l'eau et mélangez. Répartissez les noisettes sur une plaque à pâtisserie sans les superposer et enfournez pour 25 minutes. À la sortie du four, séparez les noisettes.

LE COULIS DE MÛRES

Mélangez la pectine avec le sucre, puis portez à ébullition avec les mûres et laissez bouillir 2 minutes. Moulez une pastille de 16 cm de diamètre et mettez au congélateur pour 4 heures.

LA CRÈME À LA VIOLETTE

Hydratez la feuille de gélatine dans un grand volume d'eau froide. Fouettez les jaunes d'œufs et la cassonade. Faites infuser les bonbons dans le lait froid 24 heures à l'avance, puis portez à ébullition. Chinoisez le lait sur le mélange œufs-cassonade et faites cuire à 80 °C sans cesser de remuer à la spatule. Incorporez la gélatine essorée et laissez refroidir. Ajoutez la crème fouettée et montez l'entremets aussitôt.

LE MONTAGE

Coulez de la crème à la violette dans un moule de 18 cm de diamètre. Placez un disque de dacquoise, recouvrez de crème à la violette. Posez ensuite le disque de coulis de mûres, recouvrez de crème à la violette et terminez avec un disque de dacquoise. Lissez à la spatule et réservez au congélateur pour 4 heures.

LE GLAÇAGE VIOLET

Hydratez la gélatine dans un grand volume d'eau froide. Versez l'eau, le sucre et le glucose dans une casserole et faites chauffer à 103 °C. Versez ce sirop sur le chocolat blanc et mélangez au fouet afin qu'il fonde totalement. Ajoutez séparément la gélatine essorée, le lait concentré non sucré, le colorant et mélangez au fouet. Passez au mixeur plongeant pour obtenir une texture lisse et réservez jusqu'à atteindre 30 °C.

LA FINITION

Démoulez l'entremets, posez-le sur une grille et nappez-le entièrement de glaçage. Disposez tout autour de la base des noisettes caramélisées. Décorez de 3 mûres et de feuille d'or alimentaire.

GOURMANDISES
DES ANGES

Pour 8 personnes • Préparation : 1 h • Cuisson : 50 min

Pour les biscuits bretons vanillés : 85 g de beurre pommade • 65 g de sucre • 2 gousses de vanille • 1 jaune d'œuf • 75 g de farine
Pour les fours pochés : 250 ml d'eau • 340 g de sucre • 100 g de sucre glace • 188 g de beurre pommade • 1 blanc d'œuf • 225 g de farine • 1 c. à c. de vanille liquide • 75 g de fruits confits entiers (ou des perles en sucre)
Pour les tuiles aux amandes : 140 g de blancs d'œufs • 230 g de sucre • 1 pincée de sel • 40 g de farine • 50 g de beurre fondu • 250 g d'amandes effilées
Pour les étoiles à la cannelle : 3 blancs d'œufs • 250 g de cassonade • 225 g d'amandes en poudre • 20 g de cannelle • 1 c. à s. de kirsch • 250 g de sucre glace • quelques gouttes de jus de citron (facultatif)

LES BISCUITS BRETONS VANILLÉS

Préchauffez le four à 180 °C (th. 6). Dans le bol d'un robot, mélangez à la feuille le beurre et le sucre. Incorporez les grains des gousses de vanille, puis le jaune d'œuf et la farine. Sur une plaque recouverte de papier cuisson, étalez la pâte sur 6 mm d'épaisseur. Enfournez pour 10 à 15 minutes. À la sortie du four, laissez tiédir le biscuit puis coupez des ronds à l'emporte-pièce.

LES FOURS POCHÉS

Préchauffez le four à 190 °C (th. 6-7). Portez à ébullition l'eau et le sucre. Dès que ce dernier est totalement fondu, stoppez la cuisson. Vous avez obtenu un sirop à 30° baumé. Dans un récipient, mélangez le sucre glace et le beurre. Ajoutez le blanc d'œuf, la farine tamisée, la vanille et mélangez pour obtenir une pâte souple. Remplissez une poche avec la douille de votre choix. Dressez les fours sur une feuille de papier sulfurisé en les espaçant bien. Décorez de morceaux de fruits confits ou des perles en sucre colorées. Enfournez pour 10 à 15 minutes, jusqu'à coloration. À la sortie du four, lustrez au pinceau les biscuits avec du sirop à 30° baumé.

LES TUILES AUX AMANDES

Préchauffez le four à 180 °C (th. 6). Mélangez au fouet les blancs d'œufs, le sucre en poudre, le sel et la farine. Ajoutez le beurre fondu, puis les amandes. Sur une feuille de papier sulfurisé, déposez des cuillères à café de pâte et étalez-les avec le dos de la cuillère. Enfournez jusqu'à coloration (environ 10 minutes). À la sortie du four, posez les tuiles sur une plaque gouttière ou un rouleau à pâtisserie pour leur donner leur forme incurvée.

LES ÉTOILES À LA CANNELLE

Montez 2 blancs d'œufs en neige ferme. Ajoutez peu à peu la cassonade tout en continuant de battre pendant 2-3 minutes. Incorporez les amandes, la cannelle et le kirsch. Ramenez en boule, filmez et placez 1 heure au réfrigérateur. Abaissez la pâte sur 1 cm d'épaisseur sur le plan de travail saupoudré de sucre cristallisé. Découpez des étoiles à l'emporte-pièce et déposez-les sur une plaque à pâtisserie recouverte de papier sulfurisé. Laissez-les sécher à température ambiante pendant 4 heures. Préchauffez le four à 240 °C (th. 8) et enfournez pour 5 à 7 minutes. Mélangez le sucre glace avec le dernier blanc d'œuf, jusqu'à obtenir un mélange bien lisse. Au besoin, ajoutez quelques gouttes de citron pour le détendre. Couvrez les étoiles de glaçage à l'aide d'une petite spatule ou de la lame d'un couteau.

L'ASTUCE DE CYRIL

Pour une meilleure conservation, rangez les biscuits dans une boîte métallique.

À LA DÉCOUVERTE
D'ESTEBAN

Pour 6-8 personnes • Préparation : 1 h 30 • Cuisson : 15 min • Repos : 1 h

Pour le biscuit breton vanillé : 85 g de beurre pommade • 65 g de sucre • 2 gousses de vanille • 1 jaune d'œuf • 75 g de farine

Pour la crème pâtissière à la vanille : 1 gousse de vanille • 5 g de Maïzena® • 8 g de farine • 30 g de sucre • 1 jaune d'œuf • 12,5 cl de lait entier

Pour la garniture de fruits : 1 pêche blanche • 1 brugnon • 2 figues • 2 abricots • 1 kiwi • ½ orange • 5 grains de raisin Italia • 1/3 de fruit du dragon (pitaya) • 30 g de groseilles • 5 fraises • 10 framboises • 8 mûres

LE BISCUIT BRETON VANILLÉ

Préchauffez le four à 180 °C (th. 6). Dans la cuve du robot, mélangez à la feuille le beurre et le sucre. Prélevez les grains des gousses de vanille et ajoutez-les au mélange. Incorporez le jaune d'œuf et la farine. Veillez à ne pas trop travailler la pâte. Étalez-la dans un cercle à tarte de 20 cm de diamètre et enfournez pour 15 minutes.

LA CRÈME PÂTISSIÈRE À LA VANILLE

Portez doucement à ébullition le lait et les grains de la vanille. Dans un cul-de-poule, mélangez au fouet la Maïzena®, la farine, le sucre et le jaune d'œuf. Ajoutez le lait bouillant tout en mélangeant. Reversez le tout dans la casserole et faites épaissir à feu doux en remuant sans cesse au fouet. Lorsque la crème atteint l'ébullition, laissez-la cuire encore quelques instants sans cesser de mélanger. Quand la crème est bien brillante, passez-la au mixeur plongeant pour l'émulsionner. Filmez au contact et réservez au réfrigérateur.

LA GARNITURE DE FRUITS

Coupez la pêche, le brugnon, les figues, les abricots et le kiwi en fins quartiers. Pelez l'orange à vif et prélevez les suprêmes. Fendez les grains de raisin en deux. Coupez le fruit du dragon en lamelles.

LE MONTAGE

Couvrez le fond de tarte en biscuit breton avec la crème pâtissière. Disposez harmonieusement les fruits et saupoudrez de sucre glace.

MUG CAKE
MINUTE

Pour 1 mug • Préparation : 5 min • Cuisson : 2 min 30

Pour le mug cake : 50 g de chocolat au lait • 1 c. à s. d'eau • 2 c. à s. de lait • 1 œuf • 1 c. à s. de farine • 3 c. à s. de poudre d'amandes • 3 c. à s. de sucre

Pour la décoration : quelques framboises fraîches

LE MUG CAKE

Cassez le chocolat au lait et déposez-le dans un mug avec l'eau. Mettez au micro-ondes 1 minute à 750 W pour faire fondre le chocolat. Remuez et laissez reposer 1 minute. Ajoutez le lait et l'œuf, puis remuez énergiquement à la fourchette. Ajoutez la farine, la poudre d'amandes et le sucre en mélangeant bien entre chaque. Remuez énergiquement pour que l'appareil soit homogène, sans bulles d'air. Mettez le mug 1 minute 30 au micro-ondes à puissance 800 W.

LA DÉCORATION

À la sortie du four, laissez refroidir le mug cake. Décorez-le de framboises coupées en deux et dégustez.

LE MEILLEUR
PATISSIER

LES GOURMANDISES DE NATHAN

MACARONS GIANDUJA

Pour 30 macarons • Préparation : 1 h 30 • Cuisson : 40 min • Réfrigération : 1 nuit

Pour les éclats de noisettes caramélisées : 100 g d'éclats de noisettes • 35 g de sucre glace • 1 c. à s. d'eau
Pour le gianduja maison : 125 g de noisettes entières • 50 g de chocolat au lait • 1,5 g de beurre de cacao • 125 g de sucre glace
Pour la ganache montée au gianduja : 250 g de crème liquide froide • 100 g de chocolat au lait à 40 % de cacao
Pour l'appareil à macarons : 200 g de poudre d'amandes • 200 g de sucre glace • 200 g de sucre • 5 cl d'eau • 150 g de blancs d'œufs vieillis • 1 pointe de couteau de colorant liposoluble marron

LES ÉCLATS DE NOISETTES CARAMÉLISÉES

Préchauffez le four à 140 °C (th. 4-5). Dans un cul-de-poule, mélangez les éclats de noisettes et le sucre glace. Ajoutez l'eau et mélangez à la spatule. Étalez les noisettes sur une plaque à pâtisserie recouverte d'un tapis en silicone. Enfournez pour 25 minutes. À la sortie du four, laissez refroidir les noisettes, puis cassez-les grossièrement.

LE GIANDUJA MAISON

Préchauffez le four à 150 °C (th. 5). Étalez les noisettes sur une plaque et enfournez 10 minutes pour les torréfier. Laissez-les refroidir quelques instants, puis frottez-les avec un torchon pour ôter la pellicule qui les recouvre. Faites fondre au bain-marie le chocolat au lait et le beurre de cacao. Mixez les noisettes et le sucre glace jusqu'à l'obtention d'une pâte. Ajoutez le chocolat fondu, mixez et débarrassez. Laissez refroidir à 25 °C en remuant régulièrement. Réservez.

LA GANACHE MONTÉE AU GIANDUJA

Faites fondre au bain-marie le chocolat au lait. Portez à ébullition 75 g de crème. Versez-en 1/3 sur le chocolat. Mélangez énergiquement pour créer un noyau élastique et brillant. Incorporez le reste de crème en deux fois selon la même méthode. Mixez pour parfaire l'émulsion. Incorporez le reste de crème liquide froide et mélangez. Filmez au contact et réservez au réfrigérateur une nuit. Le lendemain, fouettez la ganache en incorporant le gianduja maison. Fouettez jusqu'à obtenir la consistance d'une crème onctueuse et incorporez les éclats de noisettes caramélisées. Versez dans une poche à douille et réservez au réfrigérateur.

L'APPAREIL À MACARONS

Préchauffez le four à 155 °C (th. 5). Tamisez la poudre d'amandes et le sucre glace, puis réservez. Faites chauffer le sucre et l'eau. Dans un cul-de-poule, commencez à monter la moitié des blancs en neige (75 g). Quand le sirop atteint 118 °C, versez-le en filet sur les blancs en train de monter. Fouettez jusqu'à refroidissement de la meringue, puis ajoutez le colorant. Incorporez à la maryse le reste des blancs d'œufs au mélange tamisé sucre glace-poudre d'amandes. Ajoutez la meringue en macaronnant (en soulevant la masse) à l'aide d'une corne ou d'une spatule jusqu'à l'obtention d'une pâte bien brillante. Versez-la dans une poche munie d'une douille ronde et dressez les macarons sur un tapis de cuisson ou du papier sulfurisé. Tapotez la plaque, puis enfournez pour 12 minutes.

LE MONTAGE

Appairez les coques de macarons et garnissez-les de ganache. Réservez-les une nuit au réfrigérateur avant de les déguster.

LES ASTUCES DE CYRIL

- Pour décoller facilement les coques, faites glisser la feuille de cuisson sur votre plan de travail humidifié.
- Pour dresser des coques de macarons régulières, préparez un gabarit et glissez-le sous le papier sulfurisé.

SOUVENIRS
D'ENFANCE

Pour 6-8 personnes • Préparation : 3 h • Cuisson : 40 min • Réfrigération : 1 h 30

Pour le sablé : 1,5 kg de farine • 750 g de beurre • 420 g de sucre glace • 6 jaunes d'œufs • 240 ml d'eau • 1 c. à s. d'extrait de fleur d'oranger • 2 c. à s. de cacao en poudre

Pour les biscuits cuillère : 5 jaunes d'œufs • 125 g de sucre • 125 g de farine • 8 blancs d'œufs • 125 g de sucre glace

Pour la crème fouettée bleue : 16 g de gélatine • 1 l de crème liquide • 250 g de sucre • 1 c. à c. de colorant hydrosoluble en poudre bleu

Pour les fleurs en pâte à sucre : 50 g de pâte à sucre jaune • 50 g de pâte à sucre rouge

Pour le caramel à sec : 300 g de sucre

Pour le glaçage royal : 250 g de sucre glace • 1 blanc d'œuf • le jus de 1/2 citron

LE SABLÉ

Préchauffez le four à 160 °C (th. 5-6). Dans la cuve du batteur muni de la feuille, mélangez pendant 10 secondes 500 g de farine avec 250 g de beurre. Ajoutez 140 g de sucre glace, 2 jaunes d'œufs et 80 ml d'eau. Incorporez quelques gouttes d'extrait de fleur d'oranger. Ne mélangez pas trop la pâte pour éviter d'incorporer de l'air. Formez une boule, filmez-la et placez-la 30 minutes au réfrigérateur. Recommencez 2 fois avec le reste des ingrédients ; dans la troisième pâte, incorporez le cacao. Étalez la pâte et découpez les différents éléments de la maison : 2 carrés de 15 x 15 cm surmontés d'un triangle isocèle pour les pignons, 2 rectangles de 21 x 15 cm pour les murs, 1 rectangle de 20 x 30 cm pour la base. Découpez aussi une porte et des volets. À l'aide d'emporte-pièces, réalisez des bonhommes et des sapins. Dans la pâte colorée, coupez 2 rectangles de 21 x 15 cm pour le toit. Enfournez pour 25 à 30 minutes.

LES BISCUITS CUILLÈRE

Préchauffez le four à 180 °C (th. 6). Faites blanchir les jaunes d'œufs avec le sucre en fouettant vivement. Ajoutez la farine tamisée et mélangez jusqu'à l'obtention d'une pâte homogène. Montez les blancs d'œufs en neige ferme, ajoutez 90 g de sucre glace quand ils commencent à bien mousser pour les serrer. Incorporez 1/3 de cette meringue à la pâte en mélangeant au fouet. Ajoutez le reste de meringue et mélangez délicatement à la maryse. Versez la pâte dans des petits moules rectangulaires. Saupoudrez de sucre glace et enfournez pour 10 minutes environ. À la sortie du four, saupoudrez à nouveau les biscuits de sucre glace.

LA CRÈME FOUETTÉE BLEUE

Hydratez la gélatine, puis faites-la fondre à feu doux. Montez au batteur électrique la crème liquide, puis ajoutez le sucre, le colorant alimentaire et la gélatine fondue.

LES FLEURS EN PÂTE À SUCRE

Réalisez des petites fleurs à l'aide d'emporte-pièces en forme de fleurs.

LE CARAMEL À SEC

Dans une casserole à fond épais, faites fondre le sucre jusqu'à l'obtention d'un beau caramel brun.

LE GLAÇAGE ROYAL

Mélangez le blanc d'œuf et le sucre glace à la spatule pour obtenir une crème lisse. Au besoin, ajoutez un peu de citron pour la détendre.

LE MONTAGE

Posez les murs de la cabane sur le support et soudez-les avec le caramel. Posez les pans du toit et collez-les aussi au caramel. Poursuivez le montage avec les éléments décoratifs : la porte, les volets et les personnages. Dressez la crème fouettée bleue pour figurer le plan d'eau. Entourez-le de biscuits cuillère. Disposez harmonieusement les sapins et les fleurs en pâte à sucre et décorez le toit avec le glaçage royal à l'aide d'une poche à douille.

LE DÉLICE
DE LÉO

Pour 6-8 personnes • Préparation : 1 h 30 • Cuisson : 50 min • Réfrigération : 1 h

Pour les pistaches caramélisées : 100 g de pistaches vertes entières • 35 g de sucre glace • 1 c. à s. d'eau
Pour la pâte sucrée : 100 g de beurre • 100 g de sucre glace • 250 g de farine • 1 jaune d'œuf • 1 pincée de sel • 20 ml d'eau
Pour le crémeux à la pistache : 100 g de pistaches vertes crues • 100 g de beurre pommade • 100 g de sucre • 20 g de farine • 40 g de crème fleurette • 2 œufs entiers
Pour le nappage blond : 2 feuilles de gélatine • 50 g d'eau • 100 g de sucre
Pour le montage : 400 g de framboises

LES PISTACHES CARAMÉLISÉES
Préchauffez le four à 140 °C (th. 3-4). Dans un bol, mélangez les pistaches et le sucre glace, puis ajoutez l'eau. Étalez les pistaches sur une plaque recouverte de papier sulfurisé et enfournez pour 20 à 25 minutes, jusqu'à coloration. Dès la sortie du four, séparez les pistaches les unes des autres. Réservez jusqu'au dressage.

LA PÂTE SUCRÉE
Mélangez tous les ingrédients dans un robot à l'aide de la feuille. Ne malaxez pas trop, juste le temps de pouvoir faire une boule. Posez un cercle à tarte de 20 cm de diamètre sur une plaque à pâtisserie recouverte de papier sulfurisé. Abaissez la pâte au rouleau à pâtisserie, puis foncez le cercle. Coupez l'excédent de pâte à l'aide du rouleau, puis piquez-la à la fourchette. Mettez au réfrigérateur 1 heure ; cela évitera que la pâte ne se rétracte à la cuisson. Préchauffez le four à 180 °C (th. 6), puis enfournez pour 15 à 20 minutes, jusqu'à coloration.

LE CRÉMEUX À LA PISTACHE
Pendant la cuisson de la pâte, mixez les pistaches pour les réduire en poudre. Mélangez-la avec le beurre, le sucre, la farine, la crème et les œufs. Sortez le fond de tarte du four et recouvrez-le de crémeux à la pistache. Remettez au four pour 15 à 20 minutes. Laissez refroidir.

LE NAPPAGE BLOND
Déposez la gélatine dans un bol d'eau froide et laissez-la 10 minutes pour la ramollir. Dans une casserole, faites chauffer l'eau et le sucre. Hors du feu, incorporez la gélatine essorée. Laissez tiédir, puis nappez la tarte refroidie. Ce nappage peut se conserver au frais, il suffit ensuite de le réchauffer au micro-ondes.

LE MONTAGE
Rangez les framboises sur toute la surface de la tarte et les alternant avec les pistaches caramélisées. Badigeonnez de nappage, puis saupoudrez légèrement de sucre glace.

L'ASTUCE DE CYRIL
Pour une tarte exceptionnelle, choisissez des framboises « Héritage » : résultat garanti !

ÉVASION
GOURMANDE

Pour 24 pièces • Préparation : 1 h 30 • Cuisson : 15-20 min

Pour la pâte filo : 500 g de farine • 2 œufs • 200 g de beurre • quelques gouttes d'extrait de fleur d'oranger • eau
Pour l'appareil aux fruits secs : 85 g de pistaches • 85 g d'amandes • 85 g de noisettes • 85 g de cerneaux de noix • 100 g de pistaches • 1 c. à s. de miel • 130 g de sucre • 27 g de farine • 55 g de crème liquide entière • 3 œufs • 1/2 pomme Granny Smith
Pour le montage : 100 g de beurre • 2 c. à s. de miel

LA PÂTE FILO

Dans un bol, mélangez la farine, les œufs, le beurre et quelques gouttes d'extrait de fleur d'oranger. Pétrissez 5 minutes en ajoutant de l'eau jusqu'à l'obtention d'une texture souple. Divisez la pâte en 10 boules identiques (environ 40 g par boule). Étalez-les très finement sur le plan de travail fariné, farinez-les des deux côtés pour éviter qu'elles ne se collent entre elles, puis superposez-les 5 par 5. Étalez au rouleau pour obtenir une pâte en couches très fine.

L'APPAREIL AUX FRUITS SECS

Torréfiez séparément les fruits secs. Prélevez-en 1/3 et concassez-les grossièrement au couteau. Passez le reste au mixeur pour les moudre. Veillez à ne pas les réduire en poudre trop fine. Dans un cul-de-poule, mélangez à la spatule la mouture de fruits secs avec le miel, le sucre, la farine, la crème liquide et les œufs. Pelez et évidez la pomme, puis détaillez la chair en petits dés.

LE MONTAGE

Préchauffez le four à 180 °C (th. 6). Faites fondre le beurre. À l'aide d'un emporte-pièce rond, coupez des ronds de pâte de la taille de mini-moules à tartelettes. Badigeonnez-les de beurre fondu puis posez-les dans les moules. Déposez de l'appareil aux fruits secs, parsemez de fruits secs hachés et enfournez pour 15 à 20 minutes. Pendant ce temps, faites chauffer le miel. À la sortie du four, badigeonnez au pinceau les baklavas avec le miel chaud. Laissez-les refroidir, puis parsemez-les de dés de pomme.

LES CHALLENGES DE CYRIL

PLAISIR
D'OFFRIR

Pour 8 personnes • Préparation : 2 h • Cuisson : 10 min • Réfrigérateur : 8 h • Congélation : 8 h

Pour la dacquoise à l'amande : 35 g de farine • 100 g de poudre d'amandes • 120 g de sucre glace • 2 gousses de vanille • 6 blancs d'œufs • 60 g de sucre

Pour la marmelade d'oranges bio : 6 oranges • le jus de 1 orange • 200 g de miel d'acacia

Pour le croustillant praliné à la fleur de sel : 32 g de chocolat au lait • 125 g de praliné amandes-noisettes maison (voir page 63) • 63 g de crêpes dentelles écrasées • 2 pincées de fleur de sel de Guérande

Pour la crème anglaise : 2 jaunes d'œufs • 33 g de sucre en poudre • 17,5 cl de lait entier

Pour la mousse au chocolat : 350 g de chocolat noir à 60 % de cacao • 450 g de crème liquide entière

LA DACQUOISE À L'AMANDE

Préchauffez le four à 180 °C (th. 6). Tamisez la farine, la poudre d'amandes et le sucre glace. Ajoutez les grains des gousses de vanille. Montez les blancs d'œufs en neige bien ferme et ajoutez le sucre petit à petit. Incorporez le mélange de poudres dans les blancs en neige à l'aide d'une maryse. Étalez la pâte sur une plaque recouverte de papier cuisson et enfournez pour 10 minutes. Laissez tiédir le biscuit, puis coupez un carré de 19 cm de côté.

LA MARMELADE D'ORANGES BIO

Prélevez le zeste des oranges, puis pelez-les à vif et levez les suprêmes. Dans une casserole, faites chauffer le miel. Quand il atteint l'ébullition, ajoutez les zestes pour les faire caraméliser. Déglacez avec le jus d'orange et ajoutez les suprêmes. Laissez compoter jusqu'à évaporation du liquide. Réservez au frais.

LE CROUSTILLANT PRALINÉ À LA FLEUR DE SEL

Faites fondre le chocolat au bain-marie. Ajoutez le praliné, les crêpes dentelles et la fleur de sel. Mélangez délicatement. Étalez le mélange sur la dacquoise à l'aide d'une spatule coudée. Réservez au réfrigérateur.

LA CRÈME ANGLAISE

Dans une casserole, portez le lait à ébullition. Dans un cul-de-poule, blanchissez les jaunes d'œufs et le sucre. Ajoutez le lait chaud tout en mélangeant, puis reversez le tout dans la casserole. Faites cuire à feu doux en remuant constamment jusqu'à atteindre 80 °C.

LA MOUSSE AU CHOCOLAT

Faites fondre le chocolat au bain-marie. Versez 1/3 de crème anglaise chaude et mélangez énergiquement à la maryse jusqu'à l'obtention d'un appareil élastique et brillant. Incorporez le reste de crème anglaise en deux fois de la même façon. Mixez pour émulsionner et réservez. Montez la crème liquide au batteur électrique. Quand l'appareil au chocolat atteint 45 °C, incorporez 1/3 de la crème montée au fouet à main. Ajoutez délicatement à la maryse le restant de crème. Réservez au frais pour au moins 4 heures.

LE MONTAGE

Posez le biscuit croustillant au centre d'un cadre carré de 20 cm de côté chemisé de rhodoïd. Remplissez à mi-hauteur de mousse au chocolat en veillant à bien garnir les côtés. Couvrez d'une couche de marmelade d'oranges à l'aide d'une spatule, puis terminez de remplir le cadre avec la mousse au chocolat. Lissez, puis mettez 1 nuit au congélateur. Réservez le reste de mousse au chocolat au frais dans une poche munie d'une douille à saint-honoré. Le lendemain, décadrez le dessert et décorez-le de mousse au chocolat. Placez-le au réfrigérateur, le temps qu'il décongèle. Au moment de servir, décorez de zestes d'orange.

LA CLÉ
DES CHAMPS

Pour 6-8 personnes • Préparation : 3 h • Cuisson : 15 min • Congélation : 8 h

Pour l'insert à l'abricot : 250 g d'oreillons d'abricots • 30 g de miel de lavande • 1 branche de romarin • 4 g de gélatine en feuilles
Pour la mousse au chocolat blanc : 95 g de lait entier • 1 jaune d'œuf • 10 g de sucre • 190 g de chocolat blanc • 4 g de gélatine en feuilles • 170 g de crème fleurette
Pour le moelleux au romarin : 80 g de jaunes d'œufs • 100 g de sucre • 30 g de poudre de noisettes • 16 g d'eau • 4 g de vanille liquide • 1 pincée de fleur de sel • le zeste de 1 citron • 130 g de blancs d'œufs • 200 g de farine • 15 g d'huile d'olive • 3 branches de romarin
Pour le glaçage orange : 50 g d'eau • 100 g de sucre • 100 g de glucose • 65 g de lait concentré non sucré • 100 g de chocolat blanc • 6 g de gélatine en feuilles • 1 pointe de couteau de colorant hydrosoluble en poudre orange
Pour le décor en chocolat noir : 400 g de chocolat noir à 75 % de cacao • 4 g de beurre de cacao
Pour la déco : des oreillons d'abricots • des feuilles de romarin

L'INSERT À L'ABRICOT
Hydratez la gélatine. Faites cuire les abricots dans une poêle avec le miel et le romarin jusqu'à l'obtention d'une compotée. Incorporez la gélatine essorée et mixez après avoir retiré le plus gros du romarin. Laissez tiédir, puis versez dans une poche à douille. Roulez une feuille de rhodoïd pour former un tube de 1,5 cm de diamètre et scotchez-le. Obturez un côté avec du scotch et remplissez de purée d'abricots. Placez au congélateur pour 4 heures.

LA MOUSSE AU CHOCOLAT BLANC Voir page 25.
Réservez au frais au moins 4 heures.

LE MOELLEUX AU ROMARIN
Préchauffez le four à 180 °C (th. 6). Mélangez au fouet 20 g de sucre, les jaunes d'œufs, la poudre de noisettes, le zeste de citron, l'eau, la vanille et le sel. Réservez. Hachez grossièrement les feuilles de romarin. Préparez un caramel à sec avec 80 g de sucre et ajoutez le romarin. Débarrassez sur une feuille de papier siliconé. Montez les blancs d'œufs en neige ferme avec le reste de sucre. Incorporez délicatement le premier mélange à cette meringue. Quand le caramel est froid, broyez-le finement au mixeur. Ajoutez-le au mélange. Incorporez la farine et l'huile d'olive. Étalez la pâte sur une feuille de papier sulfurisé et enfournez pour 15 minutes.

LE MONTAGE
Remplissez à mi-hauteur un moule chenille de 30 cm avec de la mousse au chocolat blanc. Démoulez l'insert, coupez-le à la longueur du moule et posez-le sur la mousse. Couvrez de mousse et lissez. Découpez des ovales de 3,2 x 1,8 cm dans le biscuit à l'aide d'un emporte pièce et insérez-les dans les cavités du moule. Tassez, lissez pour retirer l'excédent de mousse et mettez au congélateur pour 4 heures.

LE GLAÇAGE ORANGE Voir page 32.

LE DÉCOR EN CHOCOLAT
Tempérez le chocolat. Réalisez des guides en feuille guitare de la forme du moule. Coulez le chocolat sur ces guides et laissez-le cristalliser à température ambiante ou au réfrigérateur. Attention, le chocolat a tendance à se rétracter et à gondoler au réfrigérateur.

LA FINITION
Quand le glaçage atteint 30 °C, démoulez l'entremets, posez-le sur une grille et nappez-le de glaçage. Décorez de lamelles d'abricot et de feuilles de romarin. Quand le coffre en chocolat a durci, chauffez des emporte-pièces en inox rond de différentes tailles avec un chalumeau, appliquez-les sur le chocolat pour réaliser des ouvertures. Posez ce décor en chocolat sur l'entremets.

MON PÉCHÉ
MIGNON

Pour 6 personnes • Préparation : 20 min • Cuisson : 8 min

Pour la crème pâtissière : 200 ml de lait • 1/3 de gousse de vanille • 1 jaune d'œuf • 1/2 œuf entier • 50 g de sucre • 20 g de farine
Pour le soufflé : 90 g de blancs d'œufs • 75 g de sucre • 50 g de jaunes d'œufs • 10 g de Maïzena® • 3 cl de Grand Marnier®

LA CRÈME PÂTISSIÈRE

Dans une casserole, faites chauffer le lait et la gousse de vanille fendue en deux. Dans un bol, fouettez vigoureusement les œufs et le sucre pour les blanchir. Incorporez la farine tamisée. Quand le lait est à ébullition, versez-le dans le bol et mélangez. Transvasez le tout dans la casserole et faites cuire à feu modéré pendant 5 minutes en remuant constamment pour éviter que la crème n'attache au fond de la casserole. Lorsqu'elle a épaissi, stoppez la cuisson. Versez la crème dans un plat, filmez-la au contact et laissez-la refroidir.

LE SOUFFLÉ

Préchauffez le four à 200 °C (th. 6-7). Réalisez une meringue en montant les blancs d'œufs en neige avec le sucre. Prélevez 240 g de crème pâtissière et incorporez les jaunes d'œufs. Ajoutez la Maïzena® et le Grand Marnier®, puis mélangez. Incorporez 1/3 de la meringue. Versez le mélange obtenu dans le reste de meringue et mélangez délicatement. Beurrez et sucrez 6 moules. Versez l'appareil et enfournez pour 8 minutes. Quand les soufflés sont bien montés et colorés, sortez-les du four et saupoudrez-les de sucre glace. Dégustez immédiatement.

LES ASTUCES DE CYRIL

- Pour que votre soufflé monte parfaitement droit, lissez le bord des moules avec deux doigts.
- Pour estimer le poids d'un œuf sans balance, rien de plus simple, utilisez la règle du 3-2-1 : comptez 30 g pour le blanc, 20 g pour le jaune et 10 g pour la coquille !

COPACABANA

Pour 6 personnes • Préparation : 3 h 30 • Réfrigérateur : 4 h • Cuisson : 20 min

Pour la pâte sablée vanillée : 500 g de farine • 250 g de beurre • 1 jaune d'œuf • 140 g de sucre glace • 80 ml d'eau • 2 gousses de vanille

Pour la crème pâtissière au citron vert : 1 l de lait • 2 gousses de vanille • 6 jaunes d'œufs • 250 g de sucre • 2 œufs entiers • 100 g de Maïzena® • 4 citrons verts

Pour la garniture de fruits : 20 kiwis • 250 g de myrtilles • 4 bananes • 1 poire

Pour le nappage : 100 g de sucre • 5 cl d'eau • 4 g de gélatine

LA PÂTE SABLÉE VANILLÉE

Préchauffez le four à 160 °C (th. 5-6). Dans un robot, mélangez à la feuille la farine, le beurre et le jaune d'œuf. Ajoutez le sucre glace, l'eau et les grains des gousses de vanille. Ne travaillez pas trop la pâte, mettez-la en boule, filmez-la et réservez-la au frais pendant 30 minutes. Étalez finement la pâte (3 mm) sur un plan de travail fariné. Coupez un rectangle de 27 x 37 cm, enroulez-le autour de votre rouleau à pâtisserie et posez-le sur la plaque du four recouverte de papier cuisson. Enfournez pour environ 15-20 minutes, jusqu'à coloration.

LA CRÈME PÂTISSIÈRE AU CITRON VERT

Faites chauffer le lait avec les gousses de vanille fendues et grattées. Dans un cul-de-poule, blanchissez les œufs entiers, les jaunes et le sucre. Incorporez la Maïzena® tamisée. Quand le lait arrive à ébullition, versez-le sur les œufs blanchis tout en mélangeant. Reversez le tout dans la casserole et faites cuire à feu modéré pendant 5 minutes en remuant constamment et en faisant attention à ce que la crème n'attache pas au fond de la casserole. Ajoutez le zeste râpé des citrons verts. Étalez la crème sur une plaque à pâtisserie, filmez au contact et réservez au frais.

LA GARNITURE DE FRUITS

Retirez la peau des bananes et coupez-les en fines rondelles. Coupez les kiwis en rondelles sans les peler ; recoupez-les à l'aide d'un emporte-pièce pour former de petits ronds. Pelez et évidez les poires. Coupez dans leur chair des ronds de la même taille que ceux de kiwis. Rincez les myrtilles.

LE NAPPAGE

Hydratez la gélatine dans un grand volume d'eau. Faites chauffer à feu doux l'eau et le sucre en remuant régulièrement. Attention à ne pas laisser le mélange caraméliser. Incorporez la gélatine essorée, puis retirez du feu et laissez tiédir.

LE MONTAGE

Couvrez la pâte sablée d'une généreuse couche de crème pâtissière au citron vert. Disposez les fruits frais en les faisant se chevaucher, de manière à reproduire le drapeau brésilien. Badigeonnez-les de nappage.

LE MEILLEUR
PATISSIER

FEUILLE
D'AUTOMNE d'après une recette de Mercotte

Préparation : 1 h 30 • Cuisson : 1 h 30 • Congélation : 8 h

Pour le succès aux amandes : 50 g de sucre glace • 50 g de poudre d'amandes • 100 g de blancs d'œufs • 100 g de sucre
Pour la meringue française : 88 g de blancs d'œufs frais • 74 g de sucre • 88 g de sucre glace
Pour la mousse au chocolat : 372 g de chocolat de couverture noir à 66 % de cacao • 180 g de crème • 72 g de jaunes d'œufs • 6 blancs d'œufs • 50 g de sucre
Pour l'appareil au chocolat noir : 150 g de chocolat noir à 70 % de cacao • 150 g de beurre de cacao
Pour la finition : 600 g de chocolat de couverture noir à 70 % de cacao • 40 g de sucre glace

LE SUCCÈS AUX AMANDES
Préchauffez le four à 170 °C (th. 5-6). Mixez ensemble le sucre glace et la poudre d'amandes. Montez les blancs d'œufs en neige, puis serrez-les avec le sucre. Ajoutez le mélange sucre glace-poudre d'amandes et mélangez délicatement. Dressez deux disques de 18-19 cm de diamètre à la poche à douille sur un tapis en silicone. Enfournez pour 25 minutes. Réservez après cuisson dans un endroit sec.

LA MERINGUE FRANÇAISE
Préchauffez le four à 130 °C (th. 4-5). Dans la cuve d'un batteur, montez les blancs en neige en incorporant petit à petit le sucre. Quand les blancs sont bien fermes, incorporez délicatement le sucre glace à la maryse. Dressez un disque de 18-19 cm de diamètre à la poche à douille sur un tapis en silicone. Enfournez pour 65 minutes. Réservez après cuisson dans un endroit sec.

LA MOUSSE AU CHOCOLAT
Faites fondre le chocolat au bain-marie. Portez la crème à ébullition et réalisez une émulsion en ajoutant la crème en 3 fois au chocolat. Incorporez rapidement les jaunes d'œufs. Montez les blancs en bec d'oiseau et ajoutez le sucre progressivement. Quand l'appareil au chocolat est à 45 °C, incorporez 1/4 des blancs en neige, mélangez intimement puis incorporez délicatement le reste des blancs montés.

L'APPAREIL AU CHOCOLAT NOIR
Faites fondre le chocolat et le beurre de cacao séparément à 40 °C. Mélangez-les puis réservez dans un endroit chaud. Filtrez au moment de l'utilisation.

LE MONTAGE
À l'aide d'un pinceau, badigeonnez les deux faces de la meringue et des succès avec l'appareil au chocolat. Posez un disque de succès au fond d'un cercle de 6 x 20 cm, chemisez les bords avec de la mousse au chocolat. Couvrez le biscuit d'une couche de mousse au chocolat, lissez et posez la meringue. Garnissez de mousse, lissez et posez le deuxième fond de succès. Couvrez une dernière fois de mousse et lissez au ras du cercle. Mettez au congélateur.

LA FINITION
Décerclez le gâteau. Tempérez le chocolat (voir page 48). Étalez-en une partie sur une feuille de rhodoïd pour réaliser une bande et apposez-le ensuite sur les côtés du gâteau. Renouvelez l'opération si nécessaire. Étalez le reste de chocolat sur un marbre. Lorsqu'il commence à cristalliser, appuyez solidement un doigt sur une palette de peintre et poussez le chocolat afin de former un éventail. Renouvelez l'opération. Rangez les éventails sur le gâteau puis saupoudrez de sucre glace. Réalisez un sceau à l'aide d'un pochoir et d'une feuille à chablon avec le restant de chocolat noir, placez-le au sommet du gâteau.

FRAÎCH'ATTITUDE

Pour 6 personnes • Préparation : 2 h • Cuisson : 1 h

Pour la pâte feuilletée : 250 g de farine • 300 g de beurre • 7 g de sel • 125 ml d'eau • quelques gouttes de vinaigre blanc
Pour la crème pâtissière : 80 g de sucre • 35 g de Maïzena® • 2 jaunes d'œufs • 1/2 œuf entier • 1/2 gousse de vanille • 33 cl de lait • 2 feuilles de gélatine
Pour la crème chiboust : 50 ml d'eau • 135 g de sucre • 4 blancs d'œufs • 1 c. à s. d'arôme de pamplemousse
Pour le crémeux au yuzu : 30 g de jus de yuzu • 12,5 g de jus de citron • le zeste de 1/2 citron jaune • 47,5 g d'œufs • 17,5 g de lait • 27,5 g de sucre • 1 feuille de gélatine • 10 g de beurre de cacao • 1 g de fleur de sel • 65 g de beurre
Pour le craquelin : 70 g de sucre roux • 70 g de beurre doux • 70 g de farine
Pour la pâte à choux : 125 ml d'eau • 50 g de beurre • 1 pincée de sel • 100 g de farine • 2 œufs entiers
Pour le caramel : 150 g de sucre
Pour la chantilly au mascarpone : 115 g de crème liquide • 75 g de mascarpone • 18 g de sucre glace • 1 gousse de vanille
Pour le décor en chocolat blanc au citron : 150 g de chocolat blanc • le zeste de 1 citron jaune
Pour la finition : 1/2 pomelo

LA PÂTE FEUILLETÉE
Voir page 110. Préchauffez le four à 210 °C (th. 7). Étalez la pâte en rectangle de 10 x 35 cm et enfournez pour 15-20 minutes.

LA CRÈME PÂTISSIÈRE Voir page 90.

LA CRÈME CHIBOUST
Préparez une meringue (voir page 22). Incorporez-en 1/3 à la crème pâtissière tiède. Ajoutez le reste, mélangez, puis versez l'arôme de pamplemousse. Mettez en poche et réservez.

LE CRÉMEUX AU YUZU Voir page 32.
Laissez refroidir au réfrigérateur 1 heure.

LE CRAQUELIN
Mélangez les ingrédients et étalez la pâte obtenue entre 2 feuilles de papier sulfurisé. Réservez au congélateur 15 minutes avant de découper des disques de 4,5 cm de diamètre à l'emporte-pièce.

LA PÂTE À CHOUX
Préchauffez le four à 170 °C (th. 5-6). Portez à ébullition l'eau, le beurre et le sel. Hors du feu, versez la farine en une fois et mélangez. Desséchez la pâte sur le feu en remuant, jusqu'à ce qu'elle se détache des parois de la casserole. Débarrassez-la dans la cuve du batteur et remuez quelques instants à la feuille. Incorporez les œufs un à un. Dressez des choux de 4,5 cm de diamètre à la poche à douille et posez un disque de craquelin sur chacun. Enfournez pour 20 à 25 minutes. Laissez refroidir les choux. Incisez-les et garnissez-les de crème chiboust, puis insérez du crémeux yuzu à l'intérieur.

LE CARAMEL
Faites fondre le sucre jusqu'à ce qu'il colore légèrement. Trempez les choux dans le caramel jusqu'à 1/3 de leur hauteur. Collez-les immédiatement sur la pâte feuilletée.

LA CHANTILLY AU MASCARPONE
Montez en chantilly la crème, le mascarpone, le sucre et les grains de la gousse de vanille. Versez-la dans une poche munie d'une douille à saint-honoré et réservez au frais.

LE DÉCOR EN CHOCOLAT BLANC AU CITRON
Tempérez le chocolat (voir page 48). Coulez-le sur 1 feuille guitare. Parsemez-le de zeste de citron râpé et laissez cristalliser. Prélevez des disques de 4,5 cm de diamètre et posez-les sur les choux.

LA FINITION
Déposez de la chantilly sur chaque disque en chocolat. puis sur les côtés des choux. Décorez de suprêmes de pomelo.

LE MEILLEUR
PATISSIER

CUILLÈRES
EXOTIQUES

Pour 6 personnes • Préparation : 1 h 30 • Cuisson : 15 min • Congélation : 4 h

Pour le biscuit cuillère : 5 jaunes d'œufs • 125 g de sucre • 125 g de farine • 125 g de sucre glace • 8 blancs d'œufs
Pour la mousse bavaroise à la mangue : 6 g de gélatine en feuilles • 7 mangues fraîches • 3 fruits de la passion • 50 g de sucre • 125 g de crème fouettée
Pour la crème chantilly au mascarpone et fruit de la passion : 2 g de gélatine en feuilles • 150 g de crème fleurette • 75 g de mascarpone • 25 g de sucre glace • 1 c. à s. de jus de fruit de la passion

LE BISCUIT CUILLÈRE

Préchauffez le four à 180 °C (th. 6). Mélangez les jaunes d'œufs et le sucre. Ajoutez la farine tamisée et mélangez jusqu'à obtenir un mélange homogène. Montez les blancs d'œufs en neige avec 90 g de sucre glace. Incorporez 1/3 de la meringue au premier appareil. Mélangez au fouet. Ajoutez le reste de meringue et mélangez délicatement à la maryse. Étalez la moitié de la pâte sur la plaque du four recouverte de papier sulfurisé et l'autre moitié dans des moules en forme de cuillères. Saupoudrez de sucre glace et enfournez pour 10 minutes. Le biscuit doit rester moelleux. Laissez tiédir la plaque de biscuit avant de couper 6 rectangles de 12 x 3,5 cm.

LA MOUSSE BAVAROISE À LA MANGUE

Hydratez la gélatine dans de l'eau froide. Pelez et dénoyautez les mangues, réservez un peu de chair et mixez le reste au blender. Prélevez la chair des fruits de la passion et faites-la égoutter dans une passoire pour récupérer le jus. Faites chauffer à frémissement 250 g de purée de mangue et le sucre. Incorporez le jus de fruit de la passion et la gélatine essorée. Ajoutez une partie de la mangue réservée après l'avoir coupée en petits dés. Laissez refroidir puis incorporez la crème fouettée au fouet pour obtenir une préparation lisse et sans grumeaux. Posez les biscuits cuillère rectangles au fond de 6 petits cadres à pâtisserie. Couvrez d'une couche de mousse bavaroise de 3 cm. Mettez au congélateur pour 4 heures.

LA CRÈME CHANTILLY AU MASCARPONE ET FRUIT DE LA PASSION

Hydratez la gélatine. Fouettez la crème et le mascarpone. Faites fondre la gélatine essorée à feu très doux. Incorporez le sucre glace, le jus de passion et la gélatine à la crème montée. Réservez en poche au frais.

LA FINITION

Décadrez les entremets. Appliquez immédiatement les biscuits en forme de cuillères sur les côtés. Décorez de chantilly, de lamelles de mangue et de grains de fruits de la passion.

L'ASTUCE DE CYRIL

Pour monter plus facilement la chantilly, placez le cul-de-poule quelques minutes au congélateur.

Princesstarta

PRINCESSTARTA

d'après une recette de Mercotte

Pour 8 personnes • Préparation : 2 h 30 • Cuisson : 15-20 min

Pour le biscuit : 215 g de jaunes d'œufs • 161 g de sucre • 81 g de Maïzena® • 81 g de farine • 3 g de levure chimique • 54 g de beurre fondu froid

Pour la crème pâtissière : 650 g de lait • 3 g d'extrait de vanille • 130 g de jaunes d'œufs • 108 g de sucre • 54 g de beurre doux • 54 g de Maïzena®

Pour la confiture de framboises : 265 g de framboises • 4 g d'eau • 231 g de sucre • 4 g de pectine NH

Pour la pâte d'amandes : 657 g d'amandes en poudre • 246 g de sucre • 411 g de sucre glace • 5 g d'extrait d'amande amère • 164 g d'œufs • du colorant vert pomme

Pour la crème à la vanille : 450 g de crème pâtissière (voir ci-dessus) • 400 g de crème liquide

Pour le montage : 100 g de chocolat noir • 400 g de crème liquide • de la pâte à sucre rose

LE BISCUIT

Préchauffez le four à 180 °C (th. 6). Fouettez au robot les jaunes d'œufs et le sucre jusqu'à l'obtention d'un mélange clair et épais. Tamisez la Maïzena®, la farine et la levure sur le mélange. Remuez à la maryse puis incorporez le beurre en veillant à ne pas trop travailler le mélange. Versez la pâte dans un moule à manqué de 20 cm de diamètre et enfournez pour 15 à 20 minutes, jusqu'à ce que le biscuit se soit un peu rétracté et soit doré. Démoulez-le sur une grille couverte de papier sulfurisé et laissez-le refroidir.

LA CRÈME PÂTISSIÈRE

Voir page 90. Étalez la crème sur une plaque à pâtisserie et filmez au contact. Réservez.

LA CONFITURE DE FRAMBOISES

Faites chauffer les framboises et l'eau. Mélangez le sucre et la pectine, puis versez sur les framboises et faites chauffer jusqu'à 103°C en remuant régulièrement. Retirez du feu et réservez.

LA PÂTE D'AMANDES

Mixez la poudre d'amandes et les sucres jusqu'à l'obtention d'une poudre très fine. Incorporez l'extrait d'amande et les œufs. Ajoutez du colorant. Réservez.

LA CRÈME À LA VANILLE

Détendez la crème pâtissière à la maryse. Fouettez la crème liquide au batteur électrique. Incorporez-en 1/3 à la crème pâtissière en mélangeant au fouet. Incorporez délicatement le reste de crème montée à la maryse. Réservez au frais.

LE MONTAGE

Fendez le biscuit en trois tranches égales. Posez la base sur le plat de présentation. Couvrez-la d'une fine couche de crème à la vanille. Versez un quart de la crème à la vanille dans une poche à douille, puis dressez une bordure sur le tour du biscuit. Versez la confiture au centre et étalez-la uniformément. Pochez de la crème à la vanille sur la confiture. Posez le deuxième biscuit et pochez le reste de crème à la vanille. Surmontez de la troisième couche de biscuit. Fouettez 300 g de crème liquide. Couvrez-en le gâteau, puis lissez en formant un dôme sur le dessus. Mettez quelques minutes au congélateur. Étalez la pâte d'amandes. Soulevez-la délicatement à la main et posez-la sur le gâteau. Lissez soigneusement et coupez le débord. Montez le reste de crème et mettez-la en poche. Décorez le gâteau. Faites fondre le chocolat, versez-le dans un cornet en papier et écrivez « Princesstarta » sur le gâteau. Façonnez une rose en pâte à sucre et posez-la.

EN ROUTE
VERS LES SOMMETS

Pour 6 personnes • Préparation : 1 h 30 • Cuisson : 15 min • Congélation : 14 h • Réfrigération : 4 h

Pour la pâte sablée aux noisettes : 125 g de beurre pommade • 2 g de sel • 80 g de sucre glace • 80 g de poudre de noisettes brutes • 1 jaune d'œuf • 40 ml d'eau • 250 g de farine
Pour la ganache montée au chocolat blanc et à la vanille : 45 g de chocolat blanc • 220 g de crème liquide entière • 1 gousse de vanille de Madagascar
Pour le crémeux aux marrons : 4 g de gélatine • 50 g de crème liquide • 250 g de mascarpone • 2 gousses de vanille • 150 g de crème de marrons • 4 marrons glacés
Pour la marmelade de clémentines : 4 clémentines • 10 g de pectine NH • 200 g de sucre
Pour le montage : 150 g de crème de marrons

LA PÂTE SABLÉE AUX NOISETTES

Dans la cuve du robot muni de la feuille, mélangez le beurre, le sel, le sucre glace et la poudre de noisettes. Incorporez le jaune d'œuf et l'eau, puis ajoutez la farine et mélangez brièvement. Étalez la pâte sur 3 mm d'épaisseur entre deux feuilles de papier sulfurisé et placez-la 1 heure au congélateur. Réservez au frais 30 minutes. Préchauffez le four à 150 °C (th. 5). Détaillez 6 cercles de 12 cm de diamètre et enfournez pour 20 minutes, jusqu'à coloration. Réservez.

LA GANACHE MONTÉE AU CHOCOLAT BLANC ET À LA VANILLE

Faites fondre le chocolat blanc au bain-marie. Dans une casserole, portez à ébullition 90 g de crème liquide avec les grains des gousses de vanille. Incorporez-la au chocolat fondu en 3 fois en mélangeant vivement. Ajoutez le reste de crème froide et mixez pour émulsionner. Réservez au réfrigérateur au moins 4 heures.

LE CRÉMEUX AUX MARRONS

Hydratez la gélatine. Faites chauffer 5 g de crème et incorporez la gélatine essorée. Laissez tiédir. Dans un cul-de-poule, montez en chantilly le mascarpone, le reste de crème liquide (45 g) et les grains des gousses de vanille. Ajoutez la crème de marrons et les marrons glacés taillés en cubes, mélangez délicatement. Versez dans des moules à entremets ronds de 10 cm de diamètre sur une hauteur de 1,5 cm. Réservez au congélateur pour 4 heures.

LA MARMELADE DE CLÉMENTINES

Mettez les clémentines dans un grand volume d'eau froide et portez à ébullition. Mélangez la pectine avec 20 g de sucre. Égouttez les clémentines, coupez-les en morceaux et mixez-les avec le sucre et le mélange sucre-pectine. Remuez, puis portez à ébullition. Si la texture est trop liquide, laissez cuire un peu plus longtemps. Laissez refroidir légèrement la marmelade et versez-la sur les crémeux aux marrons. Remettez au congélateur pour 1 heure.

LE MONTAGE

Versez la crème de marrons dans une poche munie d'une douille à mont-blanc ou d'une douille de petit diamètre. Fouettez la ganache pour obtenir une préparation crémeuse et fondante. Remplissez 6 moules à entremets de 12 cm de diamètre chemisés de rhodoïd, au tiers de leur hauteur avec de la ganache montée. Déposez un disque de crémeux à la marmelade et recouvrez de ganache. Lissez et mettez au congélateur pour 1 nuit. Décerclez les entremets et posez-les sur les sablés. Couvrez-les de spaghettis de crème de marrons en formant un dôme.

MILLE MERCIS

Pour 6 personnes • Préparation : 2 h 30 • Cuisson : 40 min • Congélation : 1 nuit

Pour la pâte feuilletée : 250 g de farine • 7 g de sel • 300 g de beurre • 125 ml d'eau • quelques gouttes de vinaigre blanc
Pour les fraises : 100 g de fraises • 1 cl de vinaigre balsamique • sucre glace
Pour le crémeux avocat-banane-citron vert : 6 g de gélatine • 1 banane • 2 avocats bien mûrs • le jus de 1 citron vert • 30 g de sucre glace • 100 g de mascarpone • 50 g de crème liquide entière
Pour les noix de pécan caramélisées : 100 g de noix de pécan • 35 g de sucre glace • 1 c. à s. d'eau
Pour le montage : 100 g de crème fleurette • 20 g de sucre glace

LA PÂTE FEUILLETÉE

Préparez la détrempe : mélangez au robot la farine, le sel et 50 g de beurre mou. Ajoutez l'eau et le vinaigre en une seule fois. Ne travaillez pas trop le mélange. Formez une boule, incisez-la sur le dessus en forme de croix, filmez et réservez au frais 2 heures. Recouvrez le reste de beurre (250 g) de film alimentaire et étalez-le au rouleau pour former un carré de 15 x 15 cm. Étalez la détrempe en carré de 25 x 25 cm. Posez le beurre au centre, en losange, pointe vers le haut et refermez la détrempe comme une enveloppe. Retournez le carré obtenu, tapotez-le avec le rouleau pour l'assouplir légèrement, puis étalez la pâte en longueur en veillant à ce que le beurre ne sorte pas. Pliez-la en 3, tournez-la d'un quart de tour dans le sens des aiguilles d'une montre, de manière à avoir la fermeture sur le côté. Recommencez 6 fois l'opération. Filmez (ne mettez jamais la pâte en boule) et réservez au frais 30 minutes. Préchauffez le four à 200 °C (th. 6-7). Étalez la pâte en rectangles de 25 x 10 cm et enfournez jusqu'à coloration (environ 15-20 minutes).

LES FRAISES

Rincez et équeutez les fraises. Coupez-les en brunoise (petits dés). Assaisonnez avec le vinaigre balsamique et saupoudrez de sucre glace. Réservez au frais.

LE CRÉMEUX AVOCAT-BANANE-CITRON VERT

Préchauffez le four à 180 °C (th. 6). Hydratez la gélatine. Retirez la peau de la banane et coupez-la en gros morceaux. Épluchez les avocats et passez-les en entier (avec leur noyau) au four pendant 6 minutes. Dénoyautez-les à la sortie du four. Mixez la chair des avocats, la banane, le jus de citron vert et le sucre glace jusqu'à l'obtention d'une texture lisse. Faites chauffer la crème liquide et incorporez la gélatine essorée. Versez la crème liquide refroidie et le mascarpone dans un batteur et montez en chantilly. Incorporez-la à la maryse au mélange avocat-banane-citron vert. Réservez en poche au frais pendant 2 heures.

LES NOIX DE PÉCAN CARAMÉLISÉES

Préchauffez le four à 140 °C (th. 4-5). Mélangez les noix de pécan et le sucre glace. Ajoutez l'eau et mélangez. Étalez les noix de pécan sur une plaque recouverte de papier sulfurisé et enfournez pour 20 minutes. Réservez.

LE MONTAGE

Montez en chantilly la crème et le sucre glace. Coupez 12 gouttes de pâte feuilletée à l'aide d'un emporte-pièce. Sur 4 d'entre elles, dressez 6 dômes réguliers de crémeux avocat-banane-citron vert. Surmontez d'une deuxième goutte de pâte feuilletée et renouvelez l'opération. Posez les desserts sur la tranche. Décorez de chantilly à la poche, de dés de fraises et d'éclats de noix de pécan caramélisées.

L'ASTUCE DE CYRIL

Si la pâte feuilletée monte trop pendant la cuisson, couvrez-la d'une plaque de cuisson.